진리의 목소리

CON DIO NON SEI MAI SOLO
© Dicastero per la Comunicazione - Libreria Editrice Vaticana
© 2023 Mondadori Libri S.p.A., Milano
All rights reserved

진리의 목소리

2023년 6월 8일 교회 인가
2023년 8월 24일 초판 1쇄 펴냄

지은이 · 베네딕토 16세 교황
옮긴이 · 이창욱
펴낸이 · 정순택
펴낸곳 · 가톨릭출판사
편집 겸 인쇄인 · 김대영
편집 · 이아람, 정주화
디자인 · 정진아
마케팅 · 황희진, 임찬양

본사 · 서울특별시 중구 중림로 27
등록 · 1958. 1. 16. 제2-314호
전자우편 · edit@catholicbook.kr
전화 · 1544-1886(대표 번호)
지로번호 · 3000997

ISBN 978-89-321-1867-3 03230

값 20,000원

이 책의 한국어 출판권은 (재)천주교서울대교구 가톨릭출판사에 있습니다.
저작권법에 의해 한국 내에서 보호를 받는 저작물이므로 무단 전재와 무단 복제를 금합니다.

성경 · 교회 문헌 © 한국천주교중앙협의회, 2023.

가톨릭의 모든 도서와 성물을 '가톨릭출판사 인터넷쇼핑몰'에서 만나 보실 수 있습니다.
http://www.catholicbook.kr | (02)6365-1888(구입 문의)

진리의 목소리

베네딕토 16세
동시대 문화 속에 빛이 되다

베네딕토 16세 교황 지음
이창욱 옮김

가톨릭출판사

베네딕토 16세의 생애와 신학 사상*

　베네딕토 16세는 그의 유명한 저서, 《그리스도 신앙 어제와 오늘》에서 현대 신학의 기류를 독일의 오래된 우화인 《행복한 한스》에 빗대어 설명한다. 이 이야기는 큰 금 덩어리를 가진 한 청년의 이야기다. 한스는 금 덩어리를 가지고 고향으로 돌아가려고 한다. 그런데 금이 너무 무거운 나머지, 말을 타고 걸어오는 이와 합의해 금과 말을 교환한다. 금 덩어리는 말보다 훨씬 값진 것이지만 한

---

* 위의 글은 〈교황 베네딕토 16세 사상 안에서의 자유〉(방종우)를 일부 참고하였다.

스에게는 당장 눈앞에 놓인 불편함 때문에 별 의미가 없다. 그 후 한스는 점점 더 편한 것을 찾게 되어 말을 소와 바꾸고, 그다음에는 거위와, 마침내는 숫돌과 바꾼다. 마지막으로 손에 쥔 숫돌조차 귀찮아지자 한스는 이를 근처의 개울물에 던져 버린다. 한스는 마침내 이렇게 외친다. "귀찮은 숫돌을 들고 가지 않아도 된다니, 난 정말 자유로운 사람이야!"

베네딕토 16세는 이 이야기에서 다음과 같은 결론을 이끌어 낸다. "최근의 우리의 신학도 이와 비슷한 과정으로 나아가고 있지 않은가?" 이 말은 신학에 대한 것이긴 하지만, 그가 세상 안에 있는 그리스도교를 어떻게 보고 있는지 알려 주는 말이라고 할 수 있다. 베네딕토 16세는 일시적인 편안함 혹은 당장의 즐거움을 찾고자 하는 세상의 기류에 맞서 영원한 진리의 참된 가치를 수호하고자 노력했다. 그 과정은 결코 쉽지 않았으며, 대중의 인기와는 거리가 멀었다. 그럼에도 세상을 떠나는 마지막 순간까지 꿋꿋이 그 길을 걸어가고자 했다. 이것이 바로 베네딕토 16세가 '진리의 수호자'라고 불리는 이유다.

1. 베네딕토 16세의 생애

요제프 알로이시우스 라칭거Joseph Aloisius Ratzinger는 1927년 4월 16일, 독일 바이에른Bayern의 중산층 가정에서 태어났다. 바이에른 지방은 과거의 종교 개혁 속에서도 가톨릭 신앙을 지켜낸 곳이었다. 그는 이런 환경 속에서 자연스럽게 독실한 가톨릭 신앙인으로 성장하며 사제의 꿈을 키웠다. 그리고 마침내 1951년에 사제 서품을 받았다. 1953년에는 '아우구스티노 성인의 교회론에 나타난 백성과 하느님의 집'이라는 제목의 논문으로 신학 박사 학위를 받았다. 이후 성 보나벤투라의 구원 역사에 대한 학위 논문으로 교수 자격을 취득했으며, 이후 프라이징Freising 신학 대학의 기초 신학 교수가 되었다.

이 시기 그의 활동을 보면 아우구스티노 성인과 보나벤투라 성인의 사상에 깊은 영향을 받았음을 알 수 있다. 아우구스티노 성인은 고전 작가들과 이단 종교들에서 진리를 발견하고자 노력했으나 결국 진리가 오직 그리스도교에 있음을 깨달은 교부다. 이단에 몸담았던 그의 삶은 훗날 그리스도교에 심각한 영향을 미치는 이단 교리의 오류를 바로잡는 데 큰 역할을 하게 된다. 보나벤투라 성인은 12세기의 신비주의자 요아킴 피오레의 사상에 맞섰던 인물이다. 성인은 자유 의지를 올바로 사용하기에는 한계를 지니고 있는 인간을 무지와 어둠 속에서 헤매는 존재로 바라보았다. 아우구스티노 성인과 보나벤투라 성인은 인간은 죄로 기울어지는 연약한 존재이지만, 그리스도의 조명 아래 본래의 능력을 깨달을 수 있다고 생각하였다. 그래서 인간은 하느님의 은총과 함께 진리를 향한 끊임없는 정화의 길을 거쳐야만 그분께로 돌아가는 회복의 길을 밟게 된다는 것이다. 이러한 사상은 라칭거에게 깊은 영향을 끼쳤다. 이후 세속화되는 세상 안에서의 구체적인 그의 경험은 이를 더욱더 강화시켰다.

제2차 바티칸 공의회의 시작에 함께하다

라칭거는 1959년에 본Bonn 대학교의 기초 신학 교수로 임용되었고, 1963년에는 뮌스터Münster 대학으로 임지를 옮겼다. 당시는 제2차 바티칸 공의회(1962~1965년)가 열렸던 때로, 그는 이 시기에 통찰력 있고 명석한 젊은 신학자로 주목받는다.

이 시기 이전의 마지막 공의회는 1869년의 제1차 바티칸 공의회였다. 제1차 바티칸 공의회는 프랑스 혁명을 비롯한 세속주의에 대항해 교황권의 우위를 선언하려는 목적에서 이뤄졌다. 그러나 교황령이 이탈리아 왕국에 강제 병합되어 중단되었으므로 이후 약 백 년의 시간이 지나는 과정에서 교리는 여러 면에서 정리가 필요한 상황이었다. 또한 두 차례에 걸친 세계 대전 이후, 격변하는 현대의 그리스도인들에게 이정표가 되어 줄 교회의 구체적 가르침도 필요했다. 요한 23세 성인 교황은 주교들과 신학자들을 비롯한 성직자들 외에 평신도 학자들과 개신교의 대표자들을 초대하여 보다 진보적인 시대상을 반영하는 제2차 바티칸 공의회를 열게 되었다. 이에 젊은 신학 교수였던 라칭거는 당시 쾰른Köln 대주교였던 프링스 추기경의 공의회 신학 자문자로 임명되었다. 당시 프링스 추기경은 진보주의의 입장에서 공의회 작업을 이끌었지만 76세의 고령이었고 쇠약한 상태였으므로 라칭거에게 의지할 수밖에 없었다. 라칭거는 신학 자문 위원이었기에 공의회장에서 직접적인 발언권은 없었다. 하지만 이러한 배경으로 인해 공의회의 주요한 인물로 떠올랐다. 라칭거는 네 번의 공의회 회기 동안 로마와 독일의 여러 곳에서 공의회 주제에 대해 강연했고, 공의회 신학자들을 위한 브리핑 모임을 조직했다. 또한 일련의 주석서를 출간하기도 했다.

제2차 바티칸 공의회 문헌 중, 특별히 라칭거가 참여한 〈사목 헌장〉과 〈교회 헌장〉을 언급할 필요가 있다. 〈사목 헌장〉은 공의회 개막 시기에 예정되어 있던 헌장은 아니었으나, 공의회 동안 현대 세계와 교회의 관계에 대한 문헌의 필요성이 대두되었다. 이에 따라 의안이 제대로 마련되지 않은 상태에서 논의가 시작되었기에 여타의 공의회 문헌보다 더욱 광범위한 주석 작업과 편집, 수정 작업을 거쳐야 했다. 초안에는 특별히 프랑스 신학자들의 정신이 반영된 것이 특징이었다. 이런 부분이 가장 강하게 나타난 부분은 시대 사조를 하느님의 계획으로 보는 낙관적인 관점이었다. 이에 라칭거는 이 낙관주의가 신학적으로 정당해 보이지만 오해를 일으킬 위험이 있다고 강하게 지적했다. 그의 견해는 시대의 흐름에도 결코 변하지 않는 진리가 있음을 주장하는 그리스도 중심주의였다. 그는 이 견해를 이후에도 변함없이 유지한다. 그가 특별히 중요시했던 문헌은 〈교회 헌장〉이었다. 그는 실제로 이 문헌의 작성에 많은 영향을 끼쳤다. 〈교회 헌장〉은 기존 교회에 관한 전통 교리를 보다 체계화시키는 데에 목적이 있었다. 바오로 6세 성인 교황은 다음과 같이 말했다. "추정되던 것이 분명해졌고, 불확실한 것이 확실해졌으며, 토론과 논쟁의 주제였던 것이 이제 하나의 확실한 정식으로 종합되었다."(바오로 6세 성인 교황, 〈교회 헌장〉 공표 연설)

1968년, 격동기 속의 라칭거

라칭거는 제2차 바티칸 공의회 이후 1966년부터 튀빙겐Tübingen 대학교 신학부에서 활동하게 된다. 당시 서유럽에는 68운동이라는 거대한 움직임이 일어나고 있었다.

라칭거는 이 격동기 속에서 문화적 해방 정신이 불러온 가톨릭의 위기를 몸소 체험한다.

68운동은 프랑스의 대학생들을 중심으로 일어난 운동으로 전례 없던 반체제, 반문화 운동이었다. 제2차 세계 대전으로 커다란 타격을 입었던 유럽 국가들은 회복 단계에 있었다. 하지만 아직 나치 청산이 이루어지기 전이었으므로 전쟁에 깊이 관여했던 이들이 여전히 주요 요직에 있었다. 이 시기 대학생들은 나치 독일에게 피해를 입었던 이들의 자녀였다. 그래서 나치 잔재를 청산하고자 하는 확고한 정신과 반전反戰 의식을 가지고 있었다. 한편 영국과 프랑스 등은 식민지 국가의 독립으로 경제적 동력을 상실하였고, 이로 인한 등록금 문제, 일자리 부족 등으로 기성 세대에 대한 젊은이들의 불만이 심화되었던 시기이기도 했다. 이에 대학생들은 정체된 사회가 보수적인 기성 세대에서 비롯되었음을 의식해 '신마르크스주의Neo-Marxism'를 적극적으로 받아들였고 이에 새로운 해방 운동을 일으키게 되었다.

68운동은 사회 모순에 대한 저항, 기성 세대의 한계 극복, 여성 인권 존중, 반전 운동 등 긍정적인 면을 분명히 갖고 있었으나 몇 가지 심각한 문제도 있었다. 가장 큰 문제는 이 운동이 무제한적 자유를 향한 방향으로 이어졌다는 사실이었다. 기존의 정치 체제와 기성 세대에 대한 반감은 처음 의도와 달리 무조건적 파괴를 갈구하게 되었고, 이는 도덕 관습과 종교의 가르침에 대한 전면적인 거부로까지 이어졌다.

당시 대학 교수였던 라칭거는 자신이 재직 중이던 대학의 신학과가 마르크스주의 운동의 실질적 중심지가 되었다는 것에 충격을 받았다. 학생들은 학장실을 점거하였고, 십자가를 거꾸로 들고 다니며 종교를 거부한다는 것을 선언했다. 라칭거는 이 시기를 자서전에서 다음과 같이 증언한다.

"당시 학생들은 불경스럽게도 십자가를 가학성Sadism과 피학성Masochism의 상징이라고 주장했다. 한편 자신에게 유리하다 싶을 때에는 신자인 척 하는 위선적인 모습이 나타났다. 이는 자신의 개인적인 목적을 달성하기 위한 행동이었으며, 이는 있을 수 없고 있어서도 안 되는 일이었

다."(《나의 인생 *La Mia Vita*》, p.136)

라칭거는 공의회에서 주요 인물로 활동하며 다소 진보주의적 성향을 보였으나, 이 시기의 경험으로 전통주의적 입장을 취하게 된다. 또한 1968년에 일어난 또 다른 운동도 라칭거에게 강한 인상을 남겼다. 바오로 6세 성인 교황의 회칙 〈인간 생명〉이 발표되자 전 세계는 분노하였다. 회칙 〈인간 생명〉은 참된 사랑의 의미와 생명의 탄생의 신비를 다루며 가정의 본질적 가치를 밝히고자 하는 목적으로 반포되었지만 신자들은 낙태와 불임 시술, 피임 도구에 대한 교회의 가르침을 중세의 금욕적 편견으로 받아들였고, 이는 교회의 진리와 권위에 대한 근본적인 회의주의를 탄생시켰다.

라칭거는 이러한 상황 안에서 선을 향한 고정된 기준들이 자율적 이성에 의해 파괴될 수 있음을 직접적으로 경험하게 되었으며, 이는 곧 도덕적 의무의 타락을 불러온다는 사실을 깨닫게 되었다. 실제로 1968년의 사회 현상에서 시작된 성 문화와 기존 질서에서 해방되고자 하는 사상은 이후 서구 사회를 지배하게 되었다. 이는 마약,

히피 문화, 현재까지 이어지는 심각한 신자 감소 현상 등을 파생시켰다. 결국 교회 안팎이 온통 혼란스럽던 1960년대 말, 심화되는 세속화 안에서 라칭거의 근심은 점점 쌓여 갔다. 그리고 그의 신학 연구는 교회의 본질에 대한 성찰과 윤리 문제들, 시대에 대한 비판적 통찰 등을 동반하게 되었다.

'진리의 협력자'로 활동하다

1969년, 라칭거는 레겐스부르크Regensburg 대학 교수로 임명되었다. 또한 그동안의 경험과 신학적 연구를 바탕으로 독일 주교회의의 신학 고문과 국제 신학위원회의 위원이 되었다. 이후 1977년 3월에 바오로 6세 성인 교황으로부터 주교 서품을 받았다. 동시에 뮌헨과 프라이징 교구의 대주교로 임명되었으며, 같은 해 6월 추기경으로 서임되었다. 그는 사목 표어를 '진리의 협력자Cooperatores Veritatis'로 정했다. 이 표어는 교수로서의 지난 경험과 새롭게 맡게 된 주교직 사이의 연결을 시사하는 것이었다.

서로 다른 방식이긴 하지만 진리를 따르고 진리에 봉사한다는 것은 두 직분의 공통적인 역할이었다. 그는 이에 대해 다음과 같이 구체적으로 이야기한 바 있다.

"제가 이 사목 표어를 선택한 이유는 오늘날의 세상에서 진리라는 주제가 거의 완전히 무시되고 있기 때문입니다. 진리가 없으면 모든 것이 무너집니다. 이러한 사실에도 불구하고 인간은 이를 너무 부담스러운 짐으로 느끼곤 합니다."《나의 인생 *La Mia Vita*》, p.155)

라칭거는 수많은 신학 서적을 저술하고 활발한 학술 활동을 펼치면서 이미 '신학의 거장'으로 인정받고 있었다. 학문적 활동과 진리를 지키고자 하는 그의 신념은 논리적이고 구체적이었다. 그리고 교회 전통, 특히 교부들의 가르침과 성경에 대한 폭넓은 지식을 기반에 두고 있었으므로 언제나 힘이 있었다. 요한 바오로 2세 성인 교황은 라칭거의 이러한 공로를 인정하여, 주교품 이후 불과 4년 만에 교황청 신앙교리성 장관, 성서위원회와 국제신학위원회 위원장으로 임명했다. 신앙교리성은 가톨릭 교리의 정확성을 감독할 책임이 있는 교황청 기구로 특별히 신앙과 윤리 도덕에 대한 교리의 증진과 보전을 담당하는 곳이었다. 라칭거는 신앙교리성 장관으로서 더욱 본격적으로 세속주의, 물질주의, 상대주의, 해방 신학, 윤리와 관련된 오류, 교회 내 부패 등 교회의 근본을 훼손할 우려가 있는 사조 및 정신들에 맞서기 시작했다. 또한 지속적인 저술 활동으로 탁월한 신학적 견해를 논리적으로 펼쳐 나갔다. 그는 요한 바오로 2세 성인 교황의 굳건한 신임을 받으며 약 20년 이상 신앙교리성 장관으로 활발히 활동했다.

'진리의 수호자' 베네딕토 16세 교황이 되다

2005년 4월 19일, 라칭거 추기경은 교황으로 선출되었다. 그는 자신의 교황명을 베네딕토 16세로 명명함으로써 제258대 교황이었던 베네딕토 15세의 뜻을 이어받고자 했다. 베네딕토 15세는 제1차 세계 대전 당시 교회를 이끈 인물이었다. 새롭게 교황으로 선출된 베네딕토 16세는 그의 발자취를 따라 인간과 민족 사이의 화해와 조화에 봉사하는 직무에 자신을 맡기고자 하였다.

    베네딕토 16세는 교황이 된 이후에도 계속해서 진리를 지키고, 그리스도교의 본질을 일깨우는 데 투신했다. 전임 요한 바오로 2세 성인 교황이 공산주의와 싸웠다면, 베네딕토 16세는 세속주의와 싸웠다고 평가받는다. 그는 재임 기간 동안 교회의 가르침을 장애물로 여기는 그리스도인들의 그릇된 의식을 바로잡고자 노력했다. 그리고 성경과 교부들의 사상을 토대로 날카로운 논변을 통해 그리스도교 정신을 훼손하는 여러 가지 사조에 대항했다. 그 밖에도 재임 기간 동안 성직자들의 성추문에 엄정한 조치를 취했고, 전례 전통을 회복시키고자 했다. 특히 윤리 도덕적 문제들과 이를 파생시킨 현대의 정신을 강렬하게 비판했으며, 세속주의와 냉소주의, 물질 만능주의, 과학 절대 주의, 상대주의를 교회의 본질적 정신을 훼손시키는 적대 세력으로 보았다.

    이러한 베네딕토 16세의 정신은 세상으로부터 강렬한 반발과 비판을 받기도 하였지만, 그는 이에 굴하지 않고 꿋꿋하게 진리를 선포하였다. 베네딕토 16세는 군중 앞에 모습을 드러내 환호받기보다 책을 읽고 연구하며 동시에 논리적 발언으로 교회의 가르침을 분명히 하는 것을 선호하였다. 이는 세상의 조류에 휩쓸리지 않고 꾸준히 진리를 탐구함과 동시에 이를 세상에 알리고자 노력하는 교황의 정신을 대표하는 모습이었다.

교황 퇴위 이후

2013년 2월 11일, 베네딕토 16세는 건강 문제로 교황직에서 퇴위한다고 발표하여 세상에 충격을 주었다. 85세라는 고령의 나이였으며, 교회법상 본인이 원하면 은퇴가 가능했으나 스스로 퇴위한 교황은 1415년 그레고리오 12세 교황이 마지막이었다. 베네딕토 16세는 2010년에 독일 언론인 페터 제발트와의 인터뷰에서 이렇게 말한 바 있다. "신체적으로, 정신적으로, 영적으로 교황직을 수행해 나가기 어렵다고 판단될 때에는 은퇴할 권리가 있으며 어떤 경우엔 그것이 의무이기도 합니다."

베네딕토 16세는 하느님 앞에서 양심을 성찰하며 자

신은 고령으로 더 이상 베드로 직무를 수행할 체력이 없음을 확신하게 되었다고 밝혔다. 또한 시대가 급변하고, 신앙생활의 중대한 문제들이 흔들리는 상황 안에서 베드로 사도의 배를 이끌고 복음을 선포하려면 몸과 마음의 힘이 필요하다고 말했다. 하지만 자신에게는 이런 힘이 더 이상 남아 있지 않다며 보다 더 지혜로운 후임 교황을 바란다고 선언하였다. 그는 더 이상 교황이 아닌 평범한 사제로 불리길 원했으나, 그 뜻을 관철시키지 못하여 '명예 교황'이라 불리게 되었다. 베네딕토 16세가 교황으로서 신자들에게 한 마지막 인사는 이러했다. "저는 이제 순례자로서 마지막 인생 여정을 시작하려 합니다."

그는 후임 교황에게 어떠한 부담도 주지 않고자 세상에 거의 모습을 드러내지 않았다. 전과 다름없이 책을 읽고 몇몇 원고를 작성하기도 했다. 그리고 2022년의 마지막 날, 교회의 위대한 학자이자 진리의 협력자, 진리의 수호자였던 베네딕토 16세는 향년 95세의 나이로 하느님 나라로 돌아갔다. 사망하기 직전 베네딕토 16세가 마지막으로 남긴 말은 "주님, 저는 당신을 사랑합니다Signore, ti amo."였다. 그의 유언은 요한 복음서 21장 15절에서 17절의 장면을 떠올리게 한다. 부활하신 예수님께서는 베드로 사도에게 나타나 "너는 나를 사랑하느냐?" 하고 물으신다. 그러자 베드로 사도는 주님에 대한 사랑을 고백한다.

이처럼 베네딕토 16세는 한평생 진리이신 주님을 사랑하였다. 그는 나날이 세속화되어 가는 세상 안에서 현학적이고 보수적인 입장을 취했으므로 대중적 인기를 누리지는 못했으나, 수많은 학자들과 진리를 추구하는 이들에게 많은 존경과 사랑을 받았다. 또한 사제들의 아동 성학대 문제를 비롯한 바티칸 재정 관련 문제에 엄격한 규범을 도입하는 업적을 남겼다.

베네딕토 16세는 교회에 대한 심각한 박해가 교회 내부에서 일어나고 있다고 지적하였다. 이는 교회가 돈과 권력에서 자유로워져야 한다는 걸 천명한 것이다. 그는 진리를 진심으로 사랑했기에 인기나 명예가 아닌, 교황이자 신학자로서 가톨릭 신앙을 선포하고자 할 뿐이었다. 약 140여 권의 저서와 2천 편이 넘는 원고, 세 개의 회칙과 다양한 사도적 권고들이 진리를 사랑했던 그의 삶을 조명하고 있다.

2. 베네딕토 16세의 사상

교회와 문화의 구분

베네딕토 16세의 근본적인 신념은 세상의 문화에 대한 비관적인 견해다. 그는 서구 문화가 여러 면에서 그리스도교에 적대적이라고 지적해 왔다. 또한 신학자들조차 '교회'나 '교의'가 아닌 '세계의 추세'를 자신의 출발점으로 삼고 있다고 비판하면서 가톨릭 도덕성을 합리적인 것으로 제시하는 일이 어려워지고 있다고 이야기하였다. 이러한 상황 안에서 그리스도교 교리는 현대인들이 명백하고 당연하게 여기는 것과 동떨어져 있는 듯 보인다. 이는 교회를 단순한 인간의 구조물, 즉 당장의 필요에 따라 자유롭게 바꿀 수 있는 도구로 여기는 태도에서 기인한다. 이에 베네딕토 16세는 이렇게 경고하였다. "우리를 바라보고 응답하시는 하느님을 생각하지 않는다면 신앙은 무너지게 될 것입니다."(《세상의 빛*Luce del mondo*》, p.100)

교회를 인간이 만들어 낸 것으로 생각한다면 신앙의 내용도 자의적인 것이 되기 때문이다. 사람들의 눈에는 교회가 인간으로 이루어져 있고, 그 인간이 교회의 외양을 형성하는 것처럼 보인다. 하지만 그 이면을 이루는 근본적 구조는 하느님의 뜻으로 이루어졌기에 함부로 건드릴 수 없다.

베네딕토 16세는 교회와 문화를 구분하면서 다음과 같이 말하였다. "교회에 들어서는 사람은 그 고유의 역사와 발전을 이룬 상호 문화성을 지닌 고유한 문화 주체 속에 들어서고 있다는 걸 의식하고 있어야만 한다."(《신앙, 진리, 관용*Fede, verità, tolleranza*》, p.73) 이는 기존 생활에서 벗어나거나 단절하지 않고는 그리스도인이 될 수 없다는 뜻이다. 신앙은 하느님께 이르는 개인적인 길이 아니다. 그리스도는 영원 속에서 인간으로 남아 계시고, 영원 속에 몸을 보전하신다. 하느님께서 손수 역사와 관계를 맺으셨고, 그 결과 역사는 이제 하느님에게 속해 있다. 그러기에 인간이 자신 마음대로 그분의 질서를 지워 버리거나 변형시킬 수는 없다. 교회가 본질에 충실하려면 번거롭고 낯선, 곧 시대착오적인 구조물로 보이는 위험을 무릅써야만 한다. 이것이 베네딕토 16세의 주장이다.

변할 수 없는 진리

베네딕토 16세는 윤리학자들이 '우리는 이제 성인이고, 해방된 인간으로서 우리 스스로 오직 이성에 바탕을 두고 다른 행동 규범을 찾아야 한다.'라고 말하고 있음을 지적하였다. 하지만 베네딕토 16세의 견해에 따르면 도덕은 개인의 사적인 판단에 의존할 수는 없다. 이는 오히려 하느님 계시에 의존하고, 그분께서 당신의 창조물에 객관적으로 지워지지 않게 새긴 양심과 같은 내적 법정에 의존한다. 인간은 창조된 자연의 일부이므로 내면에 하느님의 질서와 같은 도덕성을 담고 있다. 창조주의 진리와 같은 기준이 결여된 개인의 이성과 자유는 경우에 따라 매우 다르고, 예측하기 힘들다. 또 그만큼 인간을 가장 위험한 목적으로 나아가게 할 수 있다. 바로 여기에서 그릇된 자유 또는 거짓 해방이라는 잘못된 결과가 탄생한다. 우리는 이러한 예를 창세기 첫 장에서 발견할 수 있다. 인간에 대한 유혹과 몰락의 핵심이 창세기에 나오는 뱀의 유혹에 담겨 있다. "너희 눈이 열려 하느님처럼 될 것이다."(창세 3,5 참조) 여기서 하느님처럼 된다는 것은 인간이 창조주의 법칙, 즉 자연의 법칙에 지배받지 않고 스스로를 운명의 절대적인 주인으로 여기면서 어떠한 지배도 받지 않으려 함을 의미한다. 이처럼 인간은 끊임없이 자기 자신이 창조자가 되어, 스스로 주인이 되고자 하는 오류를 저지른다.

　이러한 베네딕토 16세의 사상을 기반으로 현대 사회를 바라보면 오래 전부터 천명해 온 그의 사상이 참으로 통찰력이 있음을 깨닫게 된다. 요즈음에는 '안락사'라는 단어를 '존엄사'로 바꾸어 말하고, 낙태 또한 내 몸을 내 마음대로 할 수 있다는 측면에서 바라본다. 또한 과학 중심 주의에서 파생된 환경 파괴와 생명 경시가 나날이 심각하게 대두되고 있으며, 타인보다는 스스로의 이익만을 중요하게 여기는 세속화의 모습이 뚜렷하게 드러난다. 현대인들은 더 이상 하느님의 진리를 따르는 것보다 개인의 주관적 진리를 따르고자 한다. 이런 사회 안에서 하느님은 내가 필요한 무언가를 청할 때에만 의지하는 존재로 격하된다. 그래서 오직 믿을 건 자기 자신 뿐이라며 스스로를 절대적 존재로 여긴다.

하지만 이러한 인식이 진정으로 인간에게 자유를 가져다 줄까? 그렇다면 현대인의 고립, 타인의 시선과 물질적 욕망으로부터 자유롭지 못하고 구속되는 모습은 어떻게 설명할 수 있을 것인가? 이러한 것을 살펴보았을 때 인간은 스스로를 진리라고 자신할 수 있는가? 베네딕토 16세는 이미 1960년대부터 이러한 인간의 오류를 지적했다. 그리고 결코 바꿀 수 없고, 변화될 수 없는 하느님의 진리가 인간을 진정으로 자유롭게 함을 주장했다.

그리스도가 중심이 되는 신앙과 이성의 조화

베네딕토 16세의 신학적 주제는 깊고도 다양하다. 그래서 그 사상을 한마디로 정리하는 것은 매우 어려운 일이지만 핵심을 뽑자면 '그리스도가 중심이 되는 신앙과 이성의 조화'라고 할 수 있다. 그는 특별히 인간이 진리를 필요로 할 뿐만 아니라 진리를 받아들일 능력이 있다고 확신했다. 그러므로 베네딕토 16세의 신학은 신앙과 이성의 대화를 중심으로 전개된다. 또한 무엇보다 불가분의 일치에 있는 구약과 신약에서 출발하므로 전적으로 복음주의적이라고 할 수 있으며, 그리스도가 한가운데에 있다. 또한 그는 교회의 전례를 살아 있는 복음의 토대로 이해했으며 교회의 진정한 본질이 올바른 형식으로 전례를 거행하는 데에서 나온다고 믿었다. 이러한 의미에서 베네딕토 16세의 사상은 전통에 깊이 뿌리를 내리고 있다. 물론 그렇다고 해서 세상과 동떨어져 있다는 뜻은 아니다.

베네딕토 16세는 뛰어난 신학자인 동시에 세상을 보

다 객관적으로 바라보면서 그리스도교의 본질이 잊히지 않도록 주의를 기울인 인물이었다. 또한 신앙의 핵심을 탐구하여 그리스도교의 믿음의 대상을 보다 확실히 조명하였다. 그래서 오늘날 우리가 왜 하느님을 믿고, 바라며, 사랑해야 하는가에 관해 알려 줌으로써 그리스도교 신앙의 중심에 이론이나 이념, 철학이 아닌 예수 그리스도가 있음을 끊임없이 상기시키고자 했다. 또한 현대의 그리스도교인이 어떻게 신앙의 정체성을 지켜낼 수 있을지, 이에 따르는 어려움은 어떻게 해결해야 하는지에 대한 해답을 제시하고자 했다.

이러한 베네딕토 16세의 저서를 읽는 것은 우리 시대 가장 위대한 지식인 중 한 명을 만나는 것이다. 그는 합리주의보다 더 합리적이고, 계몽주의보다 더 계몽적이고, 유럽의 지적 역사에 정통하고, 그리스도교 사상가들의 논리적 결론을 현대에 연결시키는 성직자였기 때문이다. 베네딕토 16세는 종교와 철학 사이에서 하느님을 찾았던 신학자였다. 그렇기에 하느님을 향한 탐구가 삶의 의미를 이해하는 새 지평을 열 수 있다는 것을 구체적으로 보여 주고자 하였던 것이다.

많은 이들은 베네딕토 16세의 신학이 교회에 지속적인 영향을 미칠 것이라 예상하고 있으며, 그의 말과 글이 지녔던 예언적 힘이 더욱 분명하게 드러나리라고 말한다. 또한 베네딕토 16세의 가르침을 열렬히 따르는 이들은 언젠가 그가 교회 박사의 칭호까지도 얻을 수 있으리라 조심스레 기대하고 있다. 분명한 사실은 이 위대한 교회의 스승이 풍성히 뿌린 말씀의 씨앗은 현재에도 아름답게 빛을 발하고 있으며, 나날이 세속화되어 가는 이 시대에 분명한 이정표가 되고 있다는 것이다.

방종우 신부(가톨릭대학교 성신교정 윤리 신학 교수)

서문

　베네딕토 16세 교황님은 교회를 이끄는 동안 많은 글을 썼고, 엄청난 양의 연설과 강론을 남겼습니다. 그분의 글은 질적인 면에서도 매우 풍요롭고 탁월한 내용이 담겨져 있다고 평가됩니다. 더욱이 교황으로 선임되기 이전인 신학자 요제프 라칭거로서 썼던 작품 전체를 살펴보면(물론 그 이후의 미미한 부분도 봐야겠으나) 광활한 바다를 마주하게 됩니다. 동시에 베네딕토 16세 교황님의 사상은 상당히 일관되고, 전체적인 전개 과정을 보더라도 '유기적'이라고 말할 수 있습니다. 선별된 몇몇 글을 읽어보면 교황님이 이야기하고자 하는 핵심이 무엇인지 쉽게 깨달을 수 있습니다. 이 책은 교황님의 말씀 가운데 베네딕토 16세 교황님이 재위 기간에 직접 말하신 바를 살펴보는 책입니다. 비교적 쉽게 읽을 수 있고, 교황님의 생각이 잘 요약되어 있기 때문입니다.

이 책에 실린 글은 모두 연설문을 바탕으로 합니다. 가르침을 담은 문헌이나 학문적인 저서도 아니고, 방대한 문서를 꾸려놓은 것도 아닙니다. 연설문의 특징은 제한된 분량과 구체적인 맥락이지만, 그렇다고 해서 이런 점이 세계와 역사의 지평을 바라보는 교황님의 시선을 편협하게 보도록 이끌지는 않습니다. 오히려 매번 연설 주제나 표현 장르를 본인이 직접 정하여 더욱 분명하게 보여 줍니다.

여기 실린 글 가운데에는 교황 취임식 때 교회 전체에게 전하는 메시지이거나, 사제들의 미성년자 성적 학대로 위기가 고조되었던 시기에 사제들을 대상으로 하였던 글도 있습니다. 또 마지막 일반 알현에서 신자들에게 작별을 고했던 내용도 있습니다. 그러므로 이 책에 실린 글은 교황으로 하였던 직무의 처음부터 끝까지를 모두 다룬 셈입니다.

또 주목할 점은 여기 실린 글이 모두 유럽에서 했던 이야기를 바탕으로 하였다는 것입니다. 베네딕토 16세 교황님은 마지막 '유럽 출신 교황'이기에 유럽의 역사와 문화를 철두철미하게 파악했을 뿐 아니라, 그리스도교 신앙이 이성과 대화를 통해 받아들인 형태가 유럽에서 형성된 것은 결코 우연이 아니라고 확신하였습니다. 바로 이 유럽에서 신앙과 이성의 극적인 대화 단절이 이루어졌습니다. 베네딕토 16세 교황님은 단절이 이루어진 이곳에서 다시 시작해야 이 대화를 치유하고 이어나갈 수 있다고 생각하였습니다.

베네딕토 16세 교황님이 말하고자 한 바는 바로 이러한 내용들이었습니다. 이 책은 그분의 폭넓은 교양, 복잡한 주제에 대한 명확한 설명, 진리 탐구의 열정, 가톨릭 신앙에 대한 명확한 고백을 여실히 보여 줍니다. 일반적으로 교황의 연설이나 담화문은 본인이 직접 초안을 작성하지 않습니다. 그의 협력자들이 초안을 작성하면 교황은 이를 읽고 자기 생각에 잘 부합하는지 검토합니다. 그런 후에 그 텍스트를 자신의 것으로 만듭니다. 다른 교황들에 비해 훨씬 덜하긴 했지만, 베네딕토 16세 교황님 역시도 마찬가지였습니다. 하지만 이 책에 실린 글은 모두 처음부터 마지막 단어까지 그분이 직접 작성하였다는 걸 확인할 수 있습니다. 모든 단어와 주제를 선정하는 데 있어서 막중한 책임이 요구될 만큼 중요한 상황이었기 때문입니다.

이 책에 실린 글은 크게 두 가지 주제로 구분할 수 있습니다. 신앙생활을 다루는 글과 문화, 사회, 정치적 관점에서 세상을 언급하는 내용입니다. 교황님은 자신에게 맡겨진 교회의 생명력을 강조하며 글을 시작하고 마무리합니다. 수많은 어려움에도 불구하고 교회는 살아 있습니다. 그리스도께서 살아 계시고 부활하셨기 때문입니다. 교회는 폭풍우가 휘몰아치는 순간에도 그분의 배에 우리와 함께 계시는 선한 목자이신 주님께 속해 있습니다. 주님께서 우리를 인도하시도록 신뢰를 갖고 내어 맡기는 것 외에 다른 방법은 없습니다. 돌본다는 것은 사랑한다는 뜻이고, 하느님을 사람들에게 드러낸다는 뜻입니다. 우리가 그리스도 안에서 만날 수 있는 하느님, 우리를 광야와 암흑에서 구원하여 생명과 빛으로 인도하시는 하느님을 전해야 합니다.

베네딕토 16세 교황님은 교황 즉위 후 첫 연설에서 젊은이들에게 아무것도 빼앗지 않고 모든 걸 주시는 그리스도를 두려워하지 말라고 이야기하였습니다. 이는 요한 바오로 2세 성인 교황님의 위대한 첫 연설을 반영하는 대목이기도 합니다("두려워하지 말고 그리스도께 문을 여십시오!"). 이처럼 베네딕토 16세 교황님의 선교 사명에 비추어 바라보는 교회의 각 사건은 오직 믿음 안에서 이해할 수 있습니다.

교황님은 쾰른에서 열린 세계 청년 대회 몇 달 뒤 젊은이들을 만납니다. 그분은 젊은이들에게 오랜 세월 동안 교회가 걸어온 길을 따라, 동방 박사처럼 여정에 나서라고 권고합니다. 교회가 저지른 오류와 결함도 많습니다. 하지만 교회는 죄인들뿐만 아니라 성인들로 이루어졌습니다. 이들이야말로 역사의 진정한 혁명가이며 우리에게 하느님의 방식을 가르쳐 줍니다. 그들은 힘이 아니라 진리, 정의, 선함, 용서, 자비를 가르치고, 역사를 비추는 그리스도의 별을 따르며 대륙, 문화, 국가를 거쳐 친교와 일치의 자리를 마련합니다.

베네딕토 16세 교황님은 우리 시대에 교회의 여정과 쇄신을 위하여 40년 전에 마무리된 제2차 바티칸 공의회 문헌을 기준점으로 제시합니다. 교황님은 신학 전문가로 활발하게 참여했던 공의회의 산증인이었고, 공의회를 올바르게 받아들이라는 연설을 전개해 나갈 권위도 가지고 있었습니다.

교황님은 '단절과 불연속성'의 해석학과 '개혁과 연속성'의 해석학의 차이를 설명하는 유명한 연설을 한 적이 있습니다. 그 연설에서 충실성과 역동성의 문제는 결국 하나로 모아집니다. 교황님은 공의회의 긍정적인 결실이 발전해 나가고 있다고 확신합니다. 특히 교회의 새롭고 긍정적인 태도를 부각시킵니다. 곧, 교회가 과학과 신앙의 관계, 인간과 사회에 대한 시선으로 바라본 현대 국가와 교회의 관계, 교회와 다른 대형 종교의 관계와 같이 결정적으로 중요한 분야에 있어서 우리 시대의 이성과 신앙의 대화를 이끌어간다는 시각입니다.

베네딕토 16세 교황님은 신학자와 교황이라는 두 가지 직무를 행하였습니다. 또한 동시대 문화와 관련하여 그리스도교 신앙을 널리 알리는 데 헌신적인 노력을 기울였지요. 하지만 그분의 재임 시기 동안 사회적 문제뿐 아니라 교회 내의 성직자들이 행한 성적 학대 논란이 부각될 위험이 있었다는 것도 잊어서는 안 됩니다. 이는 교황으로서 온 힘을 쏟아야 할 고통스럽고 극적인 상황이었습니다.

이 책에 실린 그분의 글 가운데 특히 신학적이고 영적인 관점에서 볼 때 중요한 주제는 교황 직무를 마무리하며 했던 이야기입니다. 교회에 뿌리내린 악(악마)의 존재, 이러한 것들이 불러일으키는 죄는 무시무시한 힘을 지니고 있으나 그럼에도 그리스도께서 베푸시는 은총과 성화의 열매에 대한 신뢰를 꺼트려서는 안 된다는 것입니다. 베네딕토 16세 교황님은 이러한 도전에 온 힘을 쏟아 응답하였습니다. 그 밖에도 아일랜드 가톨릭 신자들에게 전하는 이야기도 짚어 볼 수 있습니다. 이 글은 교황님이 심혈을 기울여 답했던 가장 완벽한 글로서, 회심과 쇄신의 여정을 위한 미래 지향적이고 폭넓은 전망을 잘 드러내 줍니다.

이 책에는 교회의 '외적인 면'을 다룬 글도 실려 있는데, 이는 교황 재위 기간 중 행했던 가장 유명하고 의미가 깊은 연설을 바탕으로 한 것입니다. 이 글을 전체적으로 다시 읽어보면 공통된 중심 사상이 드러납니다. 바로 '이성과 믿음의 대화'라는 주제입니다. 역사 안에서 마주치는, 특히 오늘날 우리 시대에 맞닥뜨리는 주제이기도 합니다. 베네딕토 교황님은 아우슈비츠에서 "그때 하느님께서는 어디에 계셨나요?"라는 극적이고 피할 수 없는 질문을 받고 겸허한 태도로 길고 힘든 여정을 걷습니다. 이는 이성의 하느님을 인식하는 문제라 할 수 있습니다. 이성의 하느님은 우주 물리학으로 증명되지 않습니다. 하느님께서는 사랑으로 하나 되시고, 선 자체이신 분입니다. 이성의 하느님은 악을 악으로 인식하고 거부하도록 이끄십니다.

또한 교황님은 이성과 신앙의 관계를 이야기하며, 오늘날에도 제기되는 그리스 철학적 탐구와 성서적 믿음의 만남에서 시작하여 이 주제를 다루었습니다. 또한 중세 서방 신학의 기원과 유럽 문화의 뿌리 사이의 관계를 심화시키면서, 이 문화가 끊임없는 '하느님 추구quaerere Deum'의 열매로 이뤄졌음도 다루었습니다. 아울러 교황님은 현실적인 하느님의 부재에 대해 끊임없이 질문을 던졌고, 하느님 추구야말로 모든 문화의 근간이 된다는 요지로 글을 마무리합니다. 그리고 종교적 신념이 오늘날에도 정치 과정에 유지돼야 하고, 이성 세계와 신앙 세계는 문명의 유익을 위해 서로를 필요로 한다는 입장을 밝혔습니다. 민주주의 과정을 지탱하는 윤리 원칙이 사회적 합의보다 더 견고한 어떤 것에 기반을 두지 않으면 그 취약성이 명백히 드러나게 됩니다.

또한 나치즘이 불러온 공포를 떠올리며 자유 법치 국가의 토대에 대한 문제와 현대 사회의 근본적인 인간학적 문제에서 선과 악을 구별하는 어려움에 대한 문제를 다루기도 하였습니다. 실증주의적 이성의 전적인 지배를 문제로 제기하며, 인간은 존중돼야 하고 마음대로 조작돼서는 안 되는 본성을 가지고 있음을 상기시켰습니다. 인간은 자기 자신을 창조할 수 없는 존재이기 때문입니다. 이처럼 베네딕토 16세 교황님은 우리 시대의 사람들에게 본성 안에 드러나는 객관적 이성이 창조주 이성을 전제로 하지 않는지 질문을 제기합니다. 사실 창조주 이성이 인간의 객관적 이성과 주관적 이성 모두를 창조한 것입니다. 그리고 인간의 주관적 이성으로 객관적 이성이 탐구되고 인식됩니다. 더 나아가 하느님 앞에서 인간의 책임과 하느님의 모상대로 창조된 모든 인간의 침범할 수 없는 존엄성에 대한 인식도 촉구합니다.

베네딕토 16세 교황님은 세속화된 인류의 지평으로 하느님이 사라지는 듯이 여겨지는 시기에 교회의 사명과 자신의 사명이 무엇보다 인류에게 예수 그리스도의 하느님에 대해 말하는 것임을 항상 강조하였습니다. 또한 공의회의 결실로 인해 교회와 현대 세계의 대화가 긍정적인 관계를 회복할 수 있었다고 보았습니다. 이 두 가지 사항을 떠올린다면 교황님이 이 시대의 극적인 도전

앞에 인류 전체의 유익과 구원을 위한 필수적인 방법으로 이성과 신앙의 활기찬 대화를 모든 이에게 제시하고 제일 먼저 실천하고자 얼마나 열정적으로 애썼는지 이해할 수 있습니다. 바로 이러한 내용이 베네딕토 16세 교황님이 전하는 위대한 이야기를 들을 때 강력히 떠오르는 메시지입니다.

페데리코 롬바르디 신부

'요제프 라칭거-베네딕토 16세 재단' 의장

차례

5	베네딕토 16세의 생애와 신학 사상
30	서문

제1장 베드로의 후계자로서

45	그리스도 안에 살아 있는 교회
62	모든 이의, 모든 것이 되어

제2장 교회는 살아 있다

77	하느님의 별을 따라 그분께 이르는 삶
91	제2차 바티칸 공의회, 교회를 쇄신하는 힘

제3장 그리스도교란 무엇인가

113	신앙과 이성의 만남
138	모든 문화의 시작점, 그리스도교
162	그리스도를 통하여 그리스도에게로

제4장 세상을 향해 응답하다

183	쇼아, 모든 증오에 맞서라는 교훈
198	진정한 정치의 소명
214	종교와 사회, 서로를 위한 공존
224	상처를 넘어 은총으로 — 아일랜드 가톨릭 신자들에게

251	역자 후기
254	글 출처
256	미주

제1장

베드로의 후계자로서

그리스도 안에 살아 있는 교회

저는 혼자가 아닙니다

저는 최근 들어 성인 호칭 기도를 아주 열심히 세 번이나 바쳤습니다. 요한 바오로 2세 성인 교황님의 장례 미사 때, 추기경들이 콘클라베에 입장할 때, 그리고 오늘 다시금 호칭 기도를 바쳤습니다. 그리고 베드로 사도의 새 후계자를 도와주시도록 '저희를 위하여 빌어 주소서Tu illum adiuva' 하고 기도하였습니다. 저는 이 기도를 바칠 때마다 큰 위로를 받았습니다. 요한 바오로 2세 성인 교황님이 떠나신 후 마치 버림받은 듯한 상실감을 얼마나 느꼈는지요! 교황님은 26년 동안 교회의 목자였으며, 이 시대를 이끌었던 안내자였습니다. 그분은 또 다른 삶을 향하여 문턱을 넘었습니다. 이는 하느님 신비 안으로 들어가는 삶이라고 할 수 있습니다. 하지만 이 삶을 향해 혼자만의 힘으로 걸어간 것은 아닙니다. 믿는 이는 절대 홀로 있지 않기 때문입니다. 삶에서도, 죽음에서도 혼자가 아닙니다. 어떤 순간이라도 우리는 모든 시대의 성인을 부르며 기도를 바칠 수 있습니다. 믿음 안에서 우리의 벗이자 형제인 성인들이 하느님의 영광에 이르기까지 행렬하고 있기 때문입니다. 우리는 하늘나라에서 교황님이 오시길 기다리고 있었다는 걸 잘 알고 있습니다. 이제 교황님은 성인들 가운데에서 하늘나라의 참된 집에 머물고 있습니다.

저는 주님께서 간택하신 이를 뽑기 위한 콘클라베에 엄숙히 입장하며 많은 위로를 받았습니다. 다양한 문화권과 국가에서 온 115명의 주교들이 주님께서 묶고 푸는 임무를 누구에게, 또 어떻게 맡기려고 하시는지 알 수 있겠습니까? 그러므로 다시 한번 깨닫게 됩니다. 우리가 혼자가 아니라는 것, 즉 하느님의 벗들이 우리를 둘러싼 채 인도한다는 사실을 말입니다. 하느님의 약한 종에 불과한 제가 이 당치도 않은 과제를 맡아야 합니다. 이는 인간의 모든 능력을 능가하는 전대미문의 일입니다. 제가 어떻게 이 일을 해낼 수 있을까요? 어떻게 하면 이 일을 수행할 수 있을까요?

우리는 모두 교회의 역사에서 위대한 인물로 길이 남은 성인들의 이름을 부르며 기도를 바칩니다. 이 기도를 바칠 때, 저는 결코 혼자가 아님을 깨닫게 됩니다. 실제로 제가 절대로 혼자 해 나갈 수 없는 것들이 있습니다. 그러기에 하느님의 성인들에게 저를 보호하고, 도와주고 이끌어 줄 수 있도록 청하였습니다. 또한 교회 구성원들이 제게 보내는 기도와 관대함, 사랑, 믿음, 희망이 함께합니다. 우리가 잘 알고 있는 위대한 성인들만 성인들에 속하는 것이 아닙니다. 성부와 성자와 성령의 이름으로 세례를 받아 그리스도의 몸과 피를 모시며 살아가는 우리 모두도 여기에 속해 있습니다. 그리스도께서는 당신의 몸과 피로써 우리를 변화하도록 하시고, 또 당신을 닮기를 원하십니다.

교회는 살아 있습니다. 전임 교황님의 질병과 죽음으로 슬픔에 잠겨 있던 기간 중에 교회가 살아 있다는 사실이 아주 놀라운 방식으로 드러났습니다. 교회는 젊으며, 세상의 미래를 품고 있기에 미래를 향한 길을 제시합니다. 우리는 살아 숨 쉬는 교회를 보며 부활하신 주님께서 약속하신 기쁨을 체험하게 됩니다.

파스카 축제를 지내던 교황님의 얼굴 안에 나타난 고통 안에서 우리는 그리스도의 수난 신비를 관상했고, 다 함께 그분의 상처를 어루만졌습니다. 그리고 그분의 죽음을 기리던 며칠 동안 심오한 의미에서 부활하신 주님도 어루만질 수 있었습니다. 짧은 어둠의 시간을 보낸 다음 주님께서 우리에게 약속하신 기쁨을 주님 부활의 결실로 체험했습니다.

착한 목자이신 예수님을 닮는 일

저의 사목 계획은 개인적인 뜻을 행하거나 이를 관철시키고자 하는 데에 있지 않습니다. 그저 온 교회와 함께 주님의 말씀과 뜻에 귀 기울이고, 주님께서 교회를 몸소 이끌 수 있도록 맡길 것입니다. 그러므로 저는 어떠한 계획을 이야기하기보다 교황 직무를 수락하는 예식에서 나타나는 두 가지 표징을 설명하고자 합니다. 이는 이 예식의 독서에서 선포된 내용을 정확히 반영합니다.

첫 번째는 제 어깨에 걸치는 팔리움Pallium입니다. 팔리움은 목과 어깨에 둘러 착용하는 띠인데, 이는 양털로 만듭니다. 4세기부터 로마 주교가 착용해 온 아주 오래된 표지로 그리스도의 멍에를 나타내는 상징입니다. 즉 로마 주교, 하느님의 종들의 종인 교황이 이 멍에를 짊어지는 겁니다. 하느님의 멍에는 우리가 받아들여야 하는 하느님의 뜻입니다. 그분의 뜻은 우리를 억압하고 자유를 **빼앗는** 외적인 짐이 아닙니다. 하느님께서 원하시는 바를 알고, 생명의 길이 무엇인지 아는 것입니다. 이

것은 이스라엘의 큰 특권이자 기쁨이기도 합니다. 하느님의 뜻은 우리를 멀어지게 하지 않습니다. 고통스러울 수 있지만 우리를 정화시켜 있는 그대로의 나 자신에게로 이끌어 줍니다. 이런 식으로 우리는 그분을 섬길 뿐만 아니라 전 세계의 구원, 모든 역사의 구원을 위해 봉사합니다. 실제로 팔리움의 상징은 훨씬 더 구체적입니다. 어린양의 양모는 목자가 어깨에 멘 채 생명수로 인도하는 잃어버린 양 혹은 병들고 약한 양을 나타냅니다. 목자가 광야에서 찾은 잃어버린 양의 비유를 탐구했던 교부들은 이것이 그리스도의 신비와 교회 신비의 표상을 의미한다고 보았습니다.

인류는 광야에서 길을 잃은 양입니다. 하느님의 아드님께서는 이를 견디지 못하십니다. 그러기에 이와 유사한 비참한 상황에 처한 인류를 차마 버릴 수 없으셨고, 잃어버린 양을 찾기 위해 하늘의 영광을 포기하고 벌떡 일어나 십자가에 이르기까지 양을 쫓아가십니다. 예수님께서는 양을 어깨에 짊어지듯 우리 자신과 그 인간성을 짊어지십니다. 그러므로 양을 위해 자신의 생명을 바치는 착한 목자이신 것입니다. 이처럼 팔리움은 그리스도께서 우리 모두를 어깨에 짊어지신다는 것과 함께, 우리 역시 다른 이들을 짊어지라고 초대합니다.

그리스도의 애끓는 성심이 목자의 마음을 움직입니다. 그분께서는 광야에서 살아가는 많은 이들에게 무관심하지 않습니다. 광야의 형태는 많습니다. 빈곤, 굶주림, 갈증, 버림받음, 외로움, 파괴된 사랑처럼 말이지요. 더 이상 인간으로서의 존엄성이나 나아가야 할 길을 찾을 수 없는 영혼이 마주하게 되는 텅 빈 광야, 하느님을 향한 어둠이 짙게 깔린 광야도 있습니다. 이와 같은 내면의 사막이 너무 커졌기 때문에 세상에 외적인 사막이 증가하고 있습니다. 그러므로 지상의 보물은 모든 이가 살 수 있는 하느님 나라를 건설하는 목적으로 사용되지 않고 착취와 파괴의 세력에 예속되고 맙니다. 교회 안에 있는 목자들은 그리스도처럼 사람들을 광야에서 생명의 공간으로 이끄는 여정에 임해야 합니다. 충만한 생명을 주시는 분에게로 이끄는 여정, 하느님의 아드님과의 우정을 향한 여정에 헌신해야 합니다.

어린양은 또 다른 면도 상징합니다. 고대 근동에는 왕이 자기 자신을 백성의 목자로 지칭하던 관습이 있습니다. 이는 그들의 권력을 다소 냉혹하게 보여 주는 것입니다. 백성들은 왕에게 양과 같은 존재이고, 목자는 양들을 마음대로 처리할 수 있음을 의미하기 때문입니다. 하지만 모든 이의 목자이신 살아 계신 하느님께서는 스스로 어린양이 되셨고, 짓밟히고 죽임을 당하는 양들의 편에 서셨습니다. 그분께서는 바로 이렇게 참된 목자로서 당신 자신을 드러내십니다. "나는 착한 목자다. 나는 양들을 위하여 목숨을 내놓는다."(요한 10,14-15) 예수님께서는 당신 자신을 목자라고 말씀하시며 사랑을 말씀하십니다! 이것이 하느님의 표징이며, 사랑 자체이신 그분에 관해 말해 줍니다.

우리는 하느님께서 자신을 더 강하게 드러내시길 바랄 때가 많습니다. 그분께서 악을 강하게 공격하시며 내치시고 더 나은 세상으로 만들어 주시길 바라지요. 모든 권력의 이념이 이런 식으로 스스로를 정당화하고, 인류의 해방과 진보에 반대하는 세력을 파괴하는 것을 정당화합니다. 우리는 하느님의 인내로 고통을 겪으나, 그럼에도 그분의 인내를 필요로 합니다. 어린양이 되신 하느님께서는 이 세상이 자신을 십자가에 못 박은 이들이 아닌 십자가에 못 박힌 예수님으로부터 구원받았다고 말씀하십니다. 세상은 하느님의 인내로 구원받았고, 인간의 조바심으로 부서집니다.

목자는 우리가 섬겨야 할 그리스도께서 인간을 사랑하신 것처럼 자신에게 맡겨진 모든 이를 사랑해야 합니다. 그리스도께서는 베드로 사도에게 말씀하십니다. "내 양들을 돌보아라."(요한 21,17) 그리고 저에게도 이렇게 말씀하십니다. 양을 돌본다는 것은 사랑한다는 걸 의미하고, 사랑한다는 것은 고통받을 준비를 갖춘다는 일이라고 말이지요. 사랑한다는 것은 양에게 참된 유익, 곧 하느님의 진리, 하느님 말씀이라는 자양분을 주는 일입니다. 성체성사 안의 예수님께서 주시는 하느님의 현존이라는 자양분을 주는 것이지요.

그러므로 오직 제가 한층 더 주님을 사랑하는 법을 배울 수 있도록 기도해 주십시오. 제가 한층 더 당신의 양떼를 사랑하는 법을 배울 수 있도록 말입니다. 성 교회와 교회 구성원 한 사람 한 사람을 사랑할 수 있도록, 또한 이리 앞에서 두려워 도망가지 않도록 기도해 주십시오. 주님께서 우리를 이끌어 주시고 서로의 짐을 지는 법을 배우도록 기도합시다.

부르심의 소명

교황 직무를 시작하는 착좌식 전례에서 나타나는 두 번째 표지는 '어부의 반지'를 수여하는 예식입니다. 복음에서 예수님께서는 베드로 사도에게 양들을 돌보는 목자가 되라고 이야기하십니다. 이 부르심에 관한 대목은 물고기를 기적적으로 많이 잡은 이야기 다음에 나옵니다. 제자들은 밤새도록 그물을 던졌으나 물고기를 한 마리도 잡지 못하였습니다. 그러다 아침 무렵 물가에 서 계신 부활하신 주님을 보게 됩니다. 주님께서는 그들에게 다시 한번 그물을 던지라고 이르셨고, 그대로 하자 그물을 끌어올릴 수 없을 정도로 그물이 가득 찼습니다. 그물 안에 큰 고기가 백쉰세 마리나 가득 들어 있었습니다. "고기가 그토록 많은데도 그물이 찢어지지 않았다."(요한 21,11)

이 이야기는 예수님께서 당신 제자들과 함께하신 지상 여정의 마지막에 나옵니다. 또한 복음서 첫 부분에 나오는 이야기와 일맥상통합니다. 그때도 제자들은 밤새 물고기 한 마리도 잡지 못했습니다. 그때도 예수님께서는 시몬에게 깊은 데로 저어 나가서 그물을 내리라고 말씀하셨습니다. 아직 베드로라고 불리지 않던 시몬은 훌륭하게 대답합니다. "스승님, 저희가 밤새도록 애썼지만 한 마리도 잡지 못하였습니다. 그러나 스승님의 말씀대로 제가 그물을 내리겠습니다."(루카 5,5) 그러자 주님께서는 사명을 부여하십니다. "두려워하지 마라. 이제부터 너는 사람을 낚을 것이다."(루카 5,10)

오늘날 교회와 사도들의 후계자들 역시 역사의 깊은 바다로 배를 저어 나가 그물을 내려 사람들을 낚고 있습니다. 그리고 그들을 복음으로, 하느님께로, 그리스도께로, 참된 생명으로 이끌어 주라는 사명을 듣습니다. 교부들은 이 특수 임무에 관해서 매우 특별한 해설을 제시했습니다. 물고기들은 물에서 살도록 창조되었습니다. 그러니 바닷속에서 밖으로 건져지는 것 자체가 치명적입니다. 생존이 위협받기 때문이지요. 하지만 사람을 낚는 어부의 사명에서 보면 정반대 상황이 됩니다. 인간은 죽음과 고통으로 절여진 물, 곧 빛이라고는 전혀 없는 어둠의 바다에서 동떨어진 채 살고 있습니다. 복음이라는 그물은 이런 인간을 죽음의 바다에서 건져 올려 하느님 빛의 광채로, 참된 생명으로 이끕니다. 바로 이와 같이 우리는 그리스도를 따르며 사람을 낚는 어부의 사명을 수행해야 합니다. 그리고 하느님과 동떨어진 온갖 형태의 괴리로 절여진 바다에서 사람들을 건져 올려 생명의 땅으로, 하느님의 빛으로 이끌어야 합니다. 그러니 우리는 다른 이들에게 하느님을 드러내 보이기 위해 존재한다고 말할 수 있습니다. 그리고 생명은 하느님을 볼 수 있는 곳에서 참으로 시작됩니다. 그리스도 안에서 살아 계신 하느님을 만날 때만 인생의 의미가 무엇인지 알게 됩니다.

인간은 우연히 생겨난 존재가 아닙니다. 우리 각자는 하느님의 생각으로 맺어진 결실입니다. 하느님께서 우리 한 사람 한 사람을 원하셨고 사랑하셨습니다. 그렇기에 각각이 꼭 필요한 존재입니다. 복음의 진리에 놀라워하며 예수님께 향하는 것보다 더 아름다운 일은 없습니다. 예수님을 알고 다른 이들에게 그분과의 우정을 전하는 것보다 더 아름다운 일은 없습니다. 목자의 임무, 사람을 낚는 어부의 일은 때때로 힘겨워 보입니다. 하지만 결국 기쁨을 위한 봉사입니다. 이는 세상 안으로 들어오시고자 하시는 하느님을 기쁘게 하는 봉사이기에 아름답고 위대합니다.

여기서 저는 한 가지 사실을 강조하고 싶습니다. 목자의 모습이나 어부의 모습 안에는 일치를 향한 부르심이 아주 명료하게 나타납니다. "그러나 나에게는 이 우리 안에 들지 않은 양들도 있다. 나는 그들도 데려와야 한다. 그들도 내 목소리를 알아듣고 마침내 한 목자 아래 한 양 떼가 될 것이다."(요한 10,16) 이는 예수님께서 착한 목자에 관한 연설 말미에 하신 말씀입니다. 또 백쉰세 마리나 되는 큰 고기를 끌어올렸다는 이야기도 기쁨에 찬 확인으로 끝을 맺습니다. "고기가 그토록 많은데도 그물이 찢어

지지 않았다."(요한 21,11)

사랑하는 주님, 이제 그 그물이 찢어졌습니다! 그러기에 저희는 슬픔에 잠겨 있다고 말씀드리고 싶습니다. 하지만 슬퍼해서는 안 됩니다! 저희를 절대 실망시키지 않는 당신의 약속으로 즐거워하며, 약속하신 일치의 길을 걷기 위해 가능한 모든 노력을 다하겠습니다. 그러므로 주님께 기도를 드리며 그 약속을 기억합니다. 그렇습니다, 주님. 당신께서 약속하신 바를 기억해 주십시오. 저희가 한 목자 아래 한 양떼가 되게 해 주소서! 당신의 그물이 찢어지지 않게 해 주시고, 일치의 일꾼이 되도록 도와주소서!

그리스도를 믿는 이는 아무것도 두렵지 않다

저는 요한 바오로 2세 성인 교황님이 성 베드로 대성전에서 교황 직무를 시작하였던 1978년 10월 22일을 떠올립니다. 그 당시 교황님의 말이 아직 제 귀에 생생하게 울려 퍼집니다. "두려워하지 마십시오! 그리스도께 문을 활짝 여십시오!"

교황님은 신앙의 자유가 허락되면 자신이 지녔던 힘을 그리스도에게 빼앗기지 않을까 두려워하는 세상의 권력자들, 세속의 힘 있는 자들에게 이야기하셨습니다. 예수님께서는 당연히 그들로부터 무엇인가를 앗아가시어 부패, 법의 왜곡, 직권 남용이 지배하는 행태를 없애 버리십니다. 하지만 인간의 자유, 존엄성, 공정한 사회 건설에 속하는 것은 빼앗지 않으실 겁니다.

더욱이 교황님은 모든 이들, 특히 젊은이들에게 이렇게 말하였습니다. 혹시 우리 모두는 어떤 식으로든 두려워하고 있지 않습니까? 만일 그리스도를 내 삶 안으로 완전히 들어오시도록 하여 전적으로 그분께 마음을 열어젖힌다면, 무엇인가를 내 삶에서 빼앗아 가실 수 있다는 두려움이 있지 않습니까? 혹시 인생을 아름답게 해 주는 무엇인가 크고 특별한 것을 포기해야 한다는 두려움이 있지 않습니까? 더 나아가 근심에 빠져 자유를 박탈당하는 위험을 무릅써야 하지 않습니까?

교황님은 다시 한번 그렇지 않다고 말하셨습니다. 자

신의 삶에 그리스도께서 들어오시도록 하는 이는 아무것도 잃지 않습니다. 삶을 자유롭고, 아름답고, 위대하게 만드는 그 무엇도 잃지 않습니다. 인생의 문은 오직 주님과의 우정 안에서만 활짝 열립니다. 참으로 이 우정 안에서만 인간 존재의 큰 잠재력이 드러나고, 아름다운 존재와 해방시키는 존재를 체험할 수 있습니다.

그래서 저는 오랜 삶의 경험에 근거하여 큰 확신을 가지고 사랑하는 젊은이들에게 이렇게 이야기하고 싶습니다. 그리스도를 두려워하지 마십시오! 그분께서는 아무것도 빼앗아 가지 않으시고, 오히려 모든 것을 주십니다. 그분께 자기 자신을 맡겨 드리는 이는 백배의 상을 받습니다. 그리스도께 마음의 문을 활짝 열어젖히고 문을 여십시오. 그러면 참된 생명을 발견할 것입니다.

그리스도를 두려워하지 마십시오!
그분께서는 아무것도 빼앗아 가지 않으시고,
오히려 모든 것을 주십니다.
그분께 자기 자신을 맡겨 드리는 이는
백배의 상을 받습니다.
그리스도께 마음의 문을 활짝 열어젖히고 문을 여십시오.
그러면 참된 생명을 발견할 것입니다.

모든 이의, 모든 것이 되어

교회의 힘이며 생명인 말씀

저는 저의 마지막 일반 알현에 함께해 주신 모든 분들에게서 살아 있는 교회의 모습을 보았습니다. 바오로 사도처럼 저 또한 우리를 인도하시고 교회를 자라게 하시며, 말씀의 씨앗을 뿌리시어 당신 백성 안에 믿음을 주시는 하느님께 감사드립니다. 하느님께서는 제가 교황 직무를 수행하는 동안 주 예수 그리스도에 대한 신앙과 관련한 좋은 '소식'을 듣게 해 주셨습니다. 또한 그분께서는 교회 신비체 안에서 참으로 사랑이 넘칠 수 있도록 자비를 베푸시고, 그리스도인들이 충만한 삶과 천국 본향을 향하도록 마음을 열어 주시어 희망을 선사하십니다. 이런 저의 마음이 퍼져 나가 전 세계의 모든 교회를 껴안습니다.

저는 모든 이를 기도로 이끌어야 하고, 모든 만남과 순방, 사목을 하는 동안 하느님의 현존으로 이끌어야 한다고 생각합니다. 그리고 주님께 의탁하기 위해서 기도를 바칠 때 모든 이와 전 세계에서 벌어지고 있는 일들을 기억합니다. 왜냐하면 우리는 모든 영적 지혜와 깨달음 덕분에 하느님의 뜻을 아는 지식으로 충만하기 때문입니다. 그러기에 주님께 합당하게 살아감으로써 모든 면에서 그분 마음에 들고 온갖 선행으로 열매를 맺습니다(콜로 1,9-10 참조).

저는 복음 말씀이 교회의 힘이며 생명이라고 확신합니다. 신자들의 공동체가 복음 말씀을 통해서 진리와 사랑 안에서 하느님 은총을 받아들인다면, 공동체는 정화되고 새롭게 열매를 맺습니다. 이것이 저의 믿음이자 기쁨입니다.

말씀과 함께하는 교회

대략 8년 전, 4월 19일이었습니다. 제가 베드로 사도의 후계자 직무를 맡는 것을 수락한 날이었지요. 그날부터 제가 항상 확신해 왔던 것이 있습니다. 교회의 생명에 대한 확신은 하느님 말씀에서 나옵니다. 교황 직무를 수락한 그날, 제 마음 안에 이런 말이 울려 퍼졌습니다. '주님, 왜 이것을 저에게 요구하십니까? 제가 무엇을 하길 바라십니까? 주님께서 제 어깨에 올려 주신 짐은 엄청나게 무겁습니다. 그러나 당신께서 바라시는 것이라면 말씀대로 그물을 내리겠습니다. 당신께서 이런 연약한 제 자신을 이끌어 주시리라 확신합니다.'

그리고 8년이 지난 지금, 주님께서 저를 인도하셨고, 제 곁에 계셨기에 매일 그분의 현존을 인식할 수 있었다고 말할 수 있습니다. 이 여정에서 어려운 시기도 있었지만 기쁨과 빛의 순간을 맞이했을 때도 있었습니다. 이럴 교회라는 배의 소유자는 하느님이심을 알고 있습니다.
주님께서는 배가 가라앉도록 내버려 두지 않으십니다.
교회를 이끄시는 분은 바로 주님이시며,
그분께서 뽑으신 이들을 통해서도 교회를 이끄십니다.

때, 저는 갈릴래아 호수에서 배를 타고 있는 사도들과 함께하는 베드로 사도와 같다고 느꼈습니다(마태 4,18-22 참조). 주님께서는 우리가 햇빛 가득하고 산들바람이 부는 날에 고기를 많이 잡을 수 있도록 이런 나날을 수없이 선사하셨습니다. 교회의 역사를 보면 파도가 거세게 치고 바람이 강하게 부는 날도 있었습니다. 이럴 때는 주님께서 주무시고 계신 것처럼 여겨지기도 합니다. 하지만 저는 언제나 그 배에 주님께서 계시다는 것을 알고 있습니다. 그리고 교회라는 배의 소유자는 하느님이심을 알고 있습니다. 주님께서는 배가 가라앉도록 내버려 두지 않으십니다. 교회를 이끄시는 분은 바로 주님이시며, 그분께서 뽑으신 이들을 통해서 교회를 이끄십니다. 이런 까닭에 제 마음은 하느님을 향한 감사로 가득 차 있습니다. 하느님께서 온 교회와 저에게 당신의 위로, 빛, 사랑을 넘치도록 주셨기 때문입니다.

믿음의 선물을 받은 우리

　오늘날 많은 이들은 하느님에 대한 신앙을 부차적으로 둡니다. 그래서 이런 믿음을 강화하고자 특별히 '신앙의 해'를 지정하였습니다. 저는 주님을 향한 굳건한 신뢰를 새롭게 하고, 하느님의 품에 안긴 어린이처럼 나 자신을 맡길 수 있도록 초대하고자 합니다. 하느님의 팔은 항상 우리를 지탱해 주시고, 역경 속에서도 매일 걸을 수 있게 붙잡아 주십니다. 또한 모든 이가 인간을 위하여 당신 아드님을 주시며 한없는 사랑을 보여 주신 하느님께 사랑받고 있다고 느낄 수 있기를 바랍니다. 저는 모든 이가 그리스도인이 된 기쁨을 느낄 수 있었으면 좋겠습니다.

　제가 매일 아침마다 바치는 아름다운 기도문에 이런 표현이 나옵니다. "나의 하느님, 저는 당신을 흠숭하고 마음을 다해 사랑합니다. 저를 창조하시어 그리스도인이 되게 해 주셨음에 감사드립니다……."

　우리는 믿음의 선물로 행복합니다. 믿음은 그 누구도 앗아갈 수 없는 가장 소중한 선물입니다! 그리고 기도하고 그리스도인으로서 살아가며 주님께 감사를 드립니다. 하느님께서는 그런 우리를 사랑하시며, 우리 역시 당신을 사랑하기를 기다리십니다.

베드로의 직무에 함께해 준 모든 이들에게

교황의 첫 번째 책임은 베드로의 배를 이끄는 것이지만 이 일만 하는 것은 아닙니다. 저는 베드로의 직무를 행하며 이 일에서 오는 책임감이나 기쁨을 찾는 것에서 그치지 않았습니다. 주님께서는 하느님과 교회에 대한 사랑과 넓은 아량을 지닌 수많은 이들을 제 가까이에 두어 도와주셨습니다. 무엇보다 먼저 사랑하는 추기경 형제 여러분이 계십니다. 이들의 지혜와 조언, 우정은 소중했습니다. 저의 협력자들, 수년간 성실히 동행해 준 국무원 총리를 비롯해 국무원과 교황청 기구 전체, 교황청의 여러 부서에 봉사하는 이들이 있습니다. 이들은 그야말로 묵묵히, 매일 헌신하며 믿음과 겸손을 보여 주었고, 저의 버팀목이 되어 주었습니다.

특히 저의 교구인 로마 교회를 생각합니다. 저는 로마 교구의 주교들과 사제들, 축성 생활자와 하느님 백성 전체를 잊지 못합니다. 사목 방문, 모임, 알현, 순방에서 항상 큰 관심과 깊은 애정을 느낄 수 있었습니다. 저도 모든 목자의 마음, 특히 베드로 사도의 후계자요 로마 주교로서 사목적 사랑으로 모든 이를 차별 없이 사랑했습니다. 저는 매일 한 사람 한 사람을 아버지의 마음으로 기도 안에 품었습니다.

모든 이와 함께하는 교황

저를 위해 관심과 우정, 기도를 보내 주신 전 세계의 많은 분들이 있습니다. 이로써 저는 결코 홀로 있지 않다는 사실을 깨닫게 되었습니다. 교황은 모든 이에게 속한 사람이기에 많은 이들이 저를 가깝게 여기곤 합니다. 저는 세계 지도자들, 국가 원수나 종교 지도자, 세계 문화계 대표자 등에게서 편지를 받습니다. 하지만 평범한 이들이 보내는 편지도 받습니다. 이들은 저를 왕자나 잘 알지 못하는 위대한 인물처럼 여기지 않습니다. 그저 한 형제자매로서 혹은 아들과 딸로서, 애정이 깊은 가족적인 유대의 감정을 갖고 있지요. 그래서 그들의 편지를 읽으면 교회 안에서 그리스도 예수와 함께하는 데서 생기는 애정을 느끼게 됩니다.

바로 여기서 교회가 어떤 것인지 생생하게 느낄 수 있습니다. 교회는 종교적이거나 인도주의적인 목적을 위한 조직이나 협회가 아니라, 우리를 하나로 묶는 예수 그리스도의 몸 안에 있는 형제자매의 친교이자 살아 있는 몸입니다. 이런 식으로 교회를 경험하고 그분의 진리와 사랑의 힘을 체험하는 것은 기쁨의 이유가 됩니다. 특히 많은 이들이 교회의 쇠퇴에 대해 이야기하는 시대에는 더욱 그렇습니다. 하지만 우리는 오늘날 교회가 어떻게 살아 있는지 보고 있습니다.

최근 몇 달 동안 저는 몸이 약해졌음을 절실히 느끼고 있었습니다. 그래서 기도하는 가운데 하느님께 끊임없이 청했습니다. 제 자신의 이익이 아니라 교회의 유익을 위하여 더 올바른 결정을 내리도록 당신 빛으로 저를 비추어 주시기를 기도했습니다. 저는 그 심각성과 새로움을 완전히 자각하면서 깊은 영혼의 평온함을 지니고 발걸음을 내디뎠습니다. 교회를 사랑한다는 것은 교회의 유익을 위해 어렵고 고통스러운 선택을 할 용기를 내어야 함을 의미합니다. 제가 교황 직무를 수락한 순간부터 그 결정의 무게는 엄청났습니다. 그 이후 주님께서 맡기신 책임 또한 막중했습니다. 교황 직무를 맡는 이는 더 이상 사생활이 없습니다. 교황은 모든 이와 교회 전체에 속합니다. 이는 자신의 삶에서 사적인 차원이 완전히 제거되는 것입니다. 그러나 저는 제 삶을 내어 줄 때 도리어 모든 걸 받게 됨을 체험하였고, 지금까지도 경험하고 있습니다. 앞서 주님을 사랑하는 많은 이들은 베드로 사도의 후계자도 사랑한다고 이야기하였습니다. 교황은 온 세상에 자신의 형제자매, 아들과 딸이 있는 셈이므로 이러한 친교 안에서 안정을 느낍니다. 더 이상 혼자가 아닌 모든 이와 함께하고 있다는 사실을 깨달았기 때문입니다.

영원히, 그리고 온전히 그분 안에서

'항상'이라는 말은 '영원히'라는 뜻입니다. 그렇기에 저는 한 개인으로 돌아가고자 이런 결정을 내린 것이 아닙니다. 적극적인 직무 수행을 포기하는 이 일이 영원히 그분 안에 있겠다는 결정을 무효화하려는 것이 아님을 말씀드립니다. 다만 순방, 회의, 접견, 강연 등의 삶으로 돌아가지는 않을 겁니다. 십자가를 내려 놓지 않고 십자가에 못 박히신 주님 곁에서 새로운 방식으로 머물겠습니다. 더 이상 교회 통솔을 위한 직권을 수행하지 않고 기도의 봉사 안에 머물 것입니다. 말하자면, 베드로 사도의 울타리 안에 머무는 것입니다. 제가 교황명으로 택한 베네딕토 성인은 이런 면에서 저에게 큰 모범이 됩니다. 성인은 능동적이든 수동적이든 전적으로 하느님의 활동에 속하는 생명으로 나아가는 길을 보여 주었기 때문입니다.

이러한 저의 중요한 결단을 존중과 이해로 받아들여 주신 것에 대해 감사드립니다. 앞으로도 계속해서 기도와 성찰로써 교회의 여정에 동행하겠습니다. 지금까지 매일 살아가고자 노력했고, 영원히 살고 싶어 하는 주님과 그분의 신부인 교회에 헌신하며 함께하겠습니다. 하느님 앞에서 저를 기억해 주시길 청합니다. 특히 중요한 임무를 맡도록 부름받은 추기경들을 위해, 베드로 사도의 새 후계자를 위해 기도해 주시길 부탁합니다. 주님께서 당신 성령의 빛과 힘으로 그와 동행해 주시길 빕니다. 우리 각자와 교회 공동체 전체에 동반해 주시도록 하느님의 어머니이자 교회의 어머니이신 동정 마리아의 모성적 전구를 청하면서, 깊은 신뢰를 지니고 나 자신을 성모님께 맡깁시다.

하느님께서는 당신 교회를 인도하시고, 항상 교회를 지탱해 주십니다. 특히 어려운 순간에도 언제나 지켜 주십니다. 교회와 세상의 여정에 대한 유일하고 참된 비전인 이러한 믿음을 결코 잃어버리지 맙시다. 주님께서 항상 내 곁에 계시고, 나를 버리지 않으시며, 사랑으로 가까이 다가와 나를 안아 주시리라는 기쁜 확신이 항상 자리하기를 바랍니다.

제2장

교회는 살아 있다

하느님의 별을 따라 그분께 이르는 삶

정의의 순례자인 동방 박사들

마태오 복음사가는 동방 박사들의 순례 여정을 다음과 같이 묘사합니다. "그리고 (별이 이르러 멈추었던) 그 집에 들어가 어머니 마리아와 함께 있는 아기를 보고 땅에 엎드려 경배하였다."(마태 2,11) 박사들의 외적인 여정은 끝났고, 목적지에 이르렀습니다. 하지만 여기서 새로운 여정을 맞이하게 됩니다. 그들의 인생을 송두리째 바꿀 내적인 순례가 시작된 것입니다. 동방 박사들은 새로 태어나실 임금을 다른 방식으로 상상했습니다. 아마도 예언자들이 선포했던 위대한 예언에 대해 알고 있었기 때문입니다. 예언에 따르면 하느님과 긴밀한 일치를 이룰 임금이 태어나 세상은 질서를 회복하게 된다고 하였습니다. 그래서 동방 박사들은 헤로데 임금에게서 탄생하신 '약속의 임금'에 관해 듣기 위해 예루살렘으로 향했습니다. 그러나 당시는 혼란스러운 때였기에 그들의 마음은 불안했습니다. 그럼에도 하느님께서 계시고, 그분께서는 자비롭고 정의로우신 분이심을 확신하며 약속의 임금을 찾기 위한 여정을 시작했습니다. 그들은 내면 깊은 곳에서 공의, 곧 하느님께로부터 오는 정의와 권리를 찾아 나선 것입니다. 그리하여 새 임금께 경배하고 섬김으로써 세상을 쇄신하는 데 일조하고자 했습니다. 그들은 "의로움에 주리고 목마른 사람들"(마태 5,6)의 부류에 속했고 이를 갈구하였습니다. 그리고 하느님께 기대했던 정의를 찾아 순례자가 되었습니다. 이는 정의를 위해서였습니다.

고향에 남아 있던 다른 이들은 어쩌면 동방 박사들을

이상주의자나 몽상가라고 생각했을 수도 있습니다. 하지만 동방 박사들은 땅에 발을 딛고 있는 이들이었고, 세상을 바꾸려면 힘이 있어야 한다고 믿었습니다. 이런 까닭에 임금이 살고 있는 궁전이 아니라면 약속된 아기를 찾을 수 없다고 여겼습니다. 하지만 그들이 땅에 엎드려 경배한 새로운 임금은 기대와는 상당히 달랐습니다. 그리고 하느님께서 자신들이 상상했던 것과 전혀 다른 분이심을 깨달았습니다. 또한 헤로데 임금이 권력으로 자신들을 함정에 빠트리려 했고, 아기 예수님의 가족이 도망치고 피신하지 않으면 살아남지 못하리라는 걸 알게 되었습니다. 동방 박사들은 아기 앞에 엎드렸던 바로 그 순간, 마침내 약속의 임금이 어떤 분이신지 깨달았던 것입니다. 이 기쁨은 여전히 그들의 마음속에 도달해야 했습니다.

하느님을 따르고 섬기는 삶

동방 박사들은 권력, 하느님, 인간에 대한 생각을 바

줘야 했으며, 하느님의 권위가 세상의 권력자들의 권위와는 다르다는 사실을 깨달아야 했습니다. 하느님의 행동 방식은 우리가 상상하고 그분에게 적용하려는 방식과는 다릅니다. 하느님께서는 지상적인 형태로 권력 경쟁에 개입하지 않으십니다. 분열에 다른 분열로 반대하지도 않으십니다. 예를 들어 하느님께서는 올리브 동산에서 예수님에게 열두 군단이 넘는 천사들을 보내지 않으셨습니다(마태 26,53 참조). 그분께서는 무장 해제된 사랑의 힘으로 세상의 요란하고 고압적인 힘에 맞서십니다. 십자가 위에서, 그리고 늘 다시금 역사의 과정 안에서 패배하시지만 불의에 반대되는 거룩하고 새로운 정의를 구축하여 하느님 나라를 세우십니다.

마침내 동방 박사들은 하느님께서는 다르시며, 자신들이 이러한 임금을 섬기러 왔다는 사실을 깨달았습니다. 그리고 자신들을 변화시켜 하느님의 방식을 배우며 그분의 왕권을 본보기로 삼고자 하였습니다. 이는 존경과 경배를 의미하는데, 그들이 신적인 존재로 여긴 임금에게 바친 황금과 유향 그리고 몰약도 그러합니다. 동방 박사

동방 박사들은 온 마음을 다해 경배하며
아기 예수님을 임금으로 받아들였습니다.
그리고 진정으로 이 세상에 정의와 선을 실현하고자
그분과 함께 봉사하길 원했습니다.
그들은 이런 것이 높은 왕좌에서 내려오는 명령으로는
쉽게 실현될 수는 없다는 것을,
또 자신을 겸손되이 내어 주어야 함을 배웠습니다.

들은 온 마음을 다해 경배하며 아기 예수님을 임금으로 받아들였습니다. 그리고 진정으로 이 세상에 정의와 선을 실현하고자 그분과 함께 봉사하길 원했습니다. 그들은 이런 것이 높은 왕좌에서 내려오라는 명령으로는 쉽게 실현될 수는 없다는 것을, 또 자신을 겸손되이 내어 주어야 함을 배웠습니다. 이보다 작은 선물은 왕이신 예수님께 충분치 않기 때문입니다. 그들은 힘을 행사하는 신적 방식, 곧 하느님의 존재 방식과 자신들의 삶이 일치해야 한다는 걸 깨달았습니다. 그로써 진리, 공정, 선함, 용서, 자비를 베푸는 이가 되어야 했습니다. 그러기 위해서는 '예수님께서 무슨 의미가 있는가?' 하는 질문은 더 이상 하지 않게 되었으며, 대신 '나는 이 세상에서 하느님의 존재를 어떻게 입증해야 하는가?' 하고 질문해야 합니다. 그래서 동방 박사들은 진정한 자신을 찾는 법을 배우고, 예루살렘을 떠나면서 진정한 왕의 발자취를 따라 예수님을 따르는 삶을 살기로 결심했던 것입니다.

하느님의 별을 바라보는 사람

저는 앞에서 우리 삶을 인도하시는 하느님의 다른 본성에 대해 이야기하였습니다. 이는 아름답지만 오히려 막연하고 모호하게 느껴지기도 합니다. 이런 까닭에 하느님께서는 우리에게 교회의 성인이라는 모범을 제시하셨습니다. 동방 박사들은 하느님의 별을 바라보며 끊임없이 그분을 찾았던 이들의 행렬에서 맨 첫 줄에 서 있는 셈입니다. 성인들은 삶에서 인간을 이끄시는 하느님을 찾았던 이들입니다. 주님께서는 그들을 통하여 복음을 주셨으며, 그 내용을 계시하셨습니다. 그리고 여전히 이 일을 하고 계십니다. 성인전에서 볼 수 있듯 성인들의 삶에는 복음의 풍성함이 드러납니다. 성인들은 하느님께서 친히 역사를 따라 걸어가고 계심을 나타내는 그분의 빛나는 발자취입니다.

존경하는 저의 전임자이신 요한 바오로 2세 성인 교황님은 우리보다 앞서 살았던 많은 이들을 시복하고 시성했습니다. 그로써 그리스도인들이 성인과 복자들을 본보기 삼아 어떻게 살아야 하는지에 대한 답을 제시하셨습니다. 어떻게 해야 올바르게 살 수 있는지, 즉 하느님의 방식에 따라 사는 것을 보여 주고자 한 것입니다. 복자와 성인들은 자신의 행복만을 추구하지 않고 단순히 자기 자신을 내어 주기를 원했습니다. 그리스도의 빛이 그들을 비추었기 때문입니다. 이런 모습은 우리에게 행복해지는 방법을 제시하는 동시에, 어떻게 참으로 인간적인 사람이 될 수 있는지 보여 줍니다.

수많은 역사적 사건 중에서 깊고 어두운 골짜기로 빠질 수 있는 위험한 일들이 있었습니다. 성인과 복자들은 이를 딛고 다시 일어난 진정한 개혁자였습니다. 그들은 하느님께서 세상을 창조하는 일을 마치신 뒤 보시니 좋았다고 하신 그 말씀을 받아들이기 위해 고통 속에서도 빛을 비추어 주었습니다. 베네딕토 성인, 아시시의 프란치스코 성인, 아빌라의 데레사 성녀, 로욜라의 이냐시오 성인, 가롤로 보로메오 성인과 같은 인물이 바로 그렇습니다. 사회 운동을 이끌며 생기를 불어넣었던 19세기의 수도회 창립자들, 혹은 우리 시대의 성인인 막시밀리아노 콜베 성인, 십자가의 데레사 베네딕타 성녀, 마더 데레사 성녀, 비오 성인도 떠올릴 수 있습니다. 이들을 관상하며 우리는 경배한다는 것이 무슨 의미인지 배웁니다. 또한 베들레헴의 아기 예수님에게서 예수 그리스도와 하느님 뜻에 따라 산다는 것이 무엇인지 배울 수 있습니다.

참된 하느님의 얼굴을 발견하는 일

오직 성인들과 하느님을 통해서만 진정한 혁명과 세상에 결정적인 변화를 불러일으킬 수 있습니다. 인간은 지난 세기에 더 이상 하느님께서 개입하시기를 기다리지 않고 인간 스스로 세상의 운명을 일궈 나가고자 했습니다. 그래서 민중 주도로 일으킨 정치적 혁명의 시대를 거치게 되었지요. 이로써 항상 인간 중심적이고 편파적인 관점이 나아갈 방향의 절대적인 척도로 채택되었음을 알게 되었습니다. 이렇게 상대적으로 절대화하는 것을 '전체주의'라고 부릅니다. 전체주의는 인간 존엄성을 말살하고 노예로 만듭니다. 세상을 구하는 것은 이데올로기

인간을 위하여 당신 심장이 창에 꿰찔리도록
자신을 맡기신 예수 그리스도 안에
하느님의 참된 얼굴이 나타났습니다.
우리는 앞서간 위대한 성인들과 함께
그분을 따를 것입니다.
이렇게 될 때 올바른 길을 걷는 것입니다.

가 아닙니다. 오직 창조주이시며 살아 계신 하느님께 향할 때 가능합니다. 하느님께서는 인간의 자유를 보증하시고, 정말 선하고 참된 것을 보장해 주십니다. 진정한 혁명은 정의의 척도이자, 영원한 사랑이신 하느님을 향하는 것입니다. 사랑이 아니라면 도대체 무엇이 우리를 구원할 수 있겠습니까?

하느님에 대해 말하는 이들은 많습니다. 그러나 하느님의 이름으로 미움과 폭력을 행사하는 이들도 있습니다. 그러므로 하느님의 참된 얼굴을 발견하는 일이 중요합니다. 동방 박사들은 베들레헴의 아기 앞에 엎드려 경배했을 때 하느님을 찾았습니다. 예수님께서는 필립보에게 "나를 본 사람은 곧 아버지를 뵌 것이다."(요한 14,9)라고 말씀하셨습니다. 인간을 위하여 당신 심장이 창에 꿰찔리도록 자신을 맡기신 예수 그리스도 안에 하느님의 참된 얼굴이 나타났습니다. 우리는 앞서간 위대한 성인들과 함께 그분을 따를 것입니다. 이렇게 될 때 올바른 길을 걷는 것입니다.

선인과 악인 모두와 함께하는 교회

'교회는 선인과 악인 모두와 함께한다.' 이 말은 우리가 나만의 하느님이나 예수님을 지어낸다는 뜻이 아닙니다. 예수님께서는 성경 말씀으로 오시고, 교회라 불리는 신자 공동체 안에 함께하시며 당신 자신을 드러내십니다. 그러므로 항상 우리와 함께 계시고 또 동시에 언제나 우리 앞에 계시다고 할 수 있습니다. 이 말은 우리가 이런 예수님을 믿고 그분 앞에 엎드려 경배함을 의미합니다.

교회는 좋은 물고기와 나쁜 물고기로 가득 찬 그물이고, 밀과 가라지가 함께 자라는 밭입니다. 수많은 성인과 복자를 시성·시복하여 교회의 참된 모습을 보여 준 요한 바오로 2세 성인 교황님도 역사 속 교회의 인물들이 행동하고 말하는 동기가 악으로부터 나온 것에 대해 용서를 구했습니다. 교황님은 이런 식으로 인간의 참모습을 보게 하고, 우리의 모든 결점과 연약함에도 불구하고 성인들의 대열에 들어가도록 권고했습니다. 이 성인들의 대열은 동방 박사들과 더불어 시작된 것입니다.

결국 교회 안에 가라지가 존재한다는 사실은 위안이 됩니다. 이처럼 우리는 모든 결점을 가지고 있음에도 예수님을 따를 수 있다고 희망할 수 있습니다. 예수님께서는 죄인을 부르러 오셨기 때문입니다. 교회는 하나의 인류 가족과 같지만, 동시에 하느님의 큰 가족입니다. 하느님께서는 교회를 통해 모든 대륙, 문화, 민족의 친교와 일치의 자리를 마련하십니다. 그러므로 우리는 이 위대한 가족에 속하게 된 것과, 전 세계에 나의 형제자매와 친구들이 있음에 기뻐합니다. 우리는 이 큰 무리의 순례자들 안에서 그리스도와 함께, 그리고 역사를 비추는 별과 함께 걷고 있습니다.

"그리고 그 집에 들어가 어머니 마리아와 함께 있는 아기를 보고 땅에 엎드려 경배하였다."(마태 2,11) 이 이야기는 아주 오래 전에 일어난 머나먼 이야기가 아니라 현재형입니다. 예수님께서는 이 성체 안에서 우리 가운데 계십니다. 그분께서는 탄생 때처럼 신비롭게 거룩한 침묵 안에서 당신을 드러내시며 하느님의 참된 얼굴을 드러내십니다. 그리고 인간을 위해 땅에 떨어져 돌아가시어 세상 끝까지 많은 열매를 맺는 밀알이 되셨습니다(요한 12,24 참조). 그때처럼 베들레헴에 계신 예수님은 경배라 불리는 내적 순례로 우리를 초대하십니다.

제2차 바티칸 공의회, 교회를 쇄신하는 힘

두 가지 해석 방법

40년 전 제2차 바티칸 공의회 폐막 미사 때를 잠시 묵상하고 싶습니다. 그 당시를 회상해 보면 다음과 같은 질문이 생깁니다. '공의회의 성과는 어땠을까? 올바른 방법으로 받아들여졌을까? 공의회에서 받아들인 좋은 점은 무엇이며, 불충분하거나 잘못된 점은 무엇일까? 아직 해야 할 일이 무엇일까?'

많은 지역에서 공의회의 결과를 쉽게 수용하지 않았

다는 사실을 부인할 수 없습니다. 위대한 교회 박사인 바실리오 성인은 니케아 공의회 이후 교회가 맞닥뜨린 상황을 폭풍우가 치는 어둠 속에서 함선들이 싸움을 벌이는 해전海戰에 비유했습니다. "의견이 대립하고, 불화 때문에 사람들이 목이 쉬도록 질러대는 소리, 뒤섞인 소음, 서로 헐뜯는 이들의 소란스러운 외침들, 이해를 넘어 버린 근거 없는 소문들이 교회를 가득 채우고 있고, 지나친 모습들이나 오류들로 신앙의 올바른 가르침을 왜곡시키고 있다."[1] 여기서 이런 의문이 생깁니다. 어째서 지금까지 교회의 많은 지역에서 공의회를 받아들이는 것이 그토록 힘들었을까요? 이 문제는 오늘날 우리가 말하는 것처럼 공의회에 대한 올바른 해석, 독서법과 적용에 달려 있기 때문입니다.

   수용의 문제는 두 가지 해석학이 서로 논쟁을 벌이며 상반된 입장을 취하는 데서 발생했습니다. 하나는 혼란을 야기한 반면, 다른 하나는 조용하지만 갈수록 눈에 띄게 열매를 맺었습니다. 한편에는 제가 '불연속과 단절의 해석학'이라고 부르고 싶은 해설법이 있습니다. 이런 방식은

흔히 매스 미디어에서 공감을 불러일으킬 수 있었고 현대 신학의 일부가 되기도 하였습니다. 다른 한편에는 '개혁의 해석학'이 있습니다. 이는 주님께서 우리에게 주신 교회라는 유일한 주체를 계속 쇄신하는 해석학입니다. 교회는 시대에 따라 성장하고 발전하지만 여정 중에 있는 하느님 백성의 유일한 주체라는 똑같은 입장을 유지합니다.

불연속성의 해석학은 공의회 이전 교회와 공의회 이후 교회의 단절을 가져올 위험이 있습니다. 이 해석학에 따르면 공의회 문헌은 공의회 정신을 제대로 표현하지 못하고 있다고 주장합니다. 모두가 한마음으로 이를 인정하기 위해서는 공의회에서 협의된 결과를 뒤로 미룰 수밖에 없고, 이미 오래된 많은 사안들이 더 이상 쓸모없다고 재확인해야 한다고 합니다. 이 해석학은 공의회의 참된 정신은 타협이 아니라 공의회 문헌에서 의도된 새로운 것을 향한 도약에서 드러난다고 주장합니다. 오직 이러한 혁신만이 공의회의 참정신과 새로움을 대변하고, 거기서 시작하여 그와 상응하게 앞으로 나아가야 한다고 주장합니다. 공의회 문헌이 공의회의 참정신과 새로움을 불완전하게 반영한다고 여겼기 때문입니다. 그러나 우리는 텍스트가 지닌 한계를 용기 있게 넘어서 여전히 불분명한 공의회의 더 깊은 뜻을 표현해 주는 새로움에 자리를 마련해야 합니다. 공의회 문헌이 아닌 그 정신을 따라야 한다는 뜻입니다.

물론 이러한 방식으로는 이 정신을 어떻게 정의해야 하는가에 관한 질문이 여전히 남습니다. 그 결과 온갖 기발한 발상이 다 나옵니다. 하지만 이런 경우도 공의회의 본질을 근본적으로 오해하는 것입니다. 이런 식으로 볼 때 공의회는 낡은 법을 없애고 새로운 법을 만들어야 하는 일종의 헌법처럼 여겨집니다. 그러나 헌법은 발의자가 필요합니다. 그런 다음 발의자 측, 다시 말해 헌법 적용의 대상인 국민의 동의가 있어야 합니다. 그러나 교부들에게는 그와 같은 권한이 없습니다. 아무도 그들에게 이런 권한을 부여한 적이 없기 때문입니다. 더욱이 교회의 본질적인 법은 주님께서 주신 것으로, 우리가 영생에 이를 수 있도록 맡겨진 것입니다. 그러기에 아무도 법 제정의 권한을 줄 수 없었습니다. 이러한 관점에서 시작하여 우리는 시간 안에서 생명과 시간을 비추어볼 수 있습니다.

주교는 부여받은 성사를 통하여 주님의 선물을 맡은 책임자입니다. 그들은 "하느님의 신비를 맡은 관리인"(1코린 4,1)입니다. 그러한 직무를 맡은 이는 "충실하고 슬기로운 집사"(루카 12,41-48 참조)여야 합니다. 이는 그들이 주님의 선물을 올바르게 관리해야 함을 의미합니다. 선물을 은밀한 곳에 숨기지 말고, 열매를 맺도록 하여 마지막에 주님께서 관리자에게 이렇게 말씀하실 수 있도록 해야 합니다. "네가 작은 일에 성실하였으니 이제 내가 너에게 많은 일에 대한 권한을 맡기겠다."(마태 25,14-30; 루카 19,11-27 참조) 이 복음의 비유는 주님을 섬기는 일과 관련된 역동적인 성실함을 잘 표현하고 있습니다. 또한 비유는 공의회에서도 역동성과 충실함이 하나 되어야 한다는 점을 분명히 드러냅니다.

공의회의 좋은 씨앗이 자라다

개혁의 해석학은 불연속성의 해석학에 반대됩니다.

이는 1962년 10월 11일 요한 23세 성인 교황님이 공의회 개막 연설에서 처음으로 제시했고, 이어서 바오로 6세 성인 교황님이 1965년 12월 7일 공의회 폐막 연설에서 제시한 해석학입니다. 요한 23세 성인 교황님은 공의회가 약화하거나 어떠한 왜곡도 없이 순수하고 완전하게 가르침을 전달하려는 것이라고 이야기하였습니다.

"우리의 의무는 마치 골동품에만 관심이 있는 것처럼 이 귀중한 보물을 지키는 게 아니라, 시대가 요구하는 활동에 열성을 다해 두려움 없이 헌신하는 것입니다. 이 확실하고 변하지 않는 가르침은 충실하게 존중되어야 하고, 심화시켜야 합니다. 또한 우리 시대의 요구에 부합하는 방식으로 제시돼야 합니다. 사실 하나는 우리에게 맡겨진 믿음의 보고寶庫, 다시 말해 우리가 존경하는 가르침 안에 담긴 진리입니다. 다른 하나는 진리가 가진 동일한 의미와 가치를 보존하면서 그 진리를 전달하는 방식입니다."[2]

특정 진리를 새로운 형태로 표현하려면 반드시 이 진리를 다시 한번 숙고해야 합니다. 그리고 진리 안에서 활기차고도 새로운 관계가 이루어져야 함은 분명합니다. 아울러 표현된 진리를 깊이 이해해야 새로운 말씀이 무르익어간다는 것도 마찬가지입니다. 다른 한편으로 신앙에 관한 숙고는 이를 삶에서 실천할 것도 요구합니다.

이러한 의미에서 요한 23세 성인 교황님이 제안하셨던 계획은 매우 엄정한 요청이었습니다. 이는 마치 신앙과 역동성을 통합하라는 요청과 같습니다. 이러한 개혁의 해석학을 통해 공의회를 수용할 수 있도록 방향을 잡았던 곳은 어디에서나 새로운 생명이 자랐고, 새로운 열매가 무르익었습니다. 공의회 이후 40년이 지난 시점에서 1968년을 전후로 혼란스러웠던 시기에 나타났던 문제보다 긍정적인 측면이 더 크고 더 활발함을 강조할 수 있습니다. 오늘날 우리는 비록 느리게 성장하더라도 좋은 씨앗이 자라고 있음을 목격하고 있습니다. 그리하여 공의회가 이룩한 업적에 대해서도 감사의 마음이 커집니다.

신앙과 현대

바오로 6세 성인 교황님은 공의회 폐막 연설에서 불연속의 해석법이 설득력 있게 여겨질 수 있었던 특별한 이유를 지적하셨습니다. 현대를 특징짓는 인간에 관한 격렬한 논쟁 가운데, 공의회는 특별히 인간론이라는 주제를 다룰 수밖에 없었습니다. 공의회는 한편으로 교회와 신앙의 관계에 대해 문제를 제기했고, 다른 한편으로는 인간과 오늘의 세상을 문제로 삼았습니다.[3] '오늘의 세상'이라는 일반적인 용어 대신 더욱 명확한 단어를 사용하면 문제는 한층 더 확실해집니다. 공의회는 교회와 현대의 관계를 새롭게 규정했습니다. 이 관계는 애초에 갈릴레오의 재판과 더불어 많은 논란을 일으켰습니다. 이후 칸트가 종교를 '순수 이성 한계 내의 종교'로 정의했을 때 이런 관계는 완전히 파괴됐습니다. 그리고 프랑스 혁명의 근본적인 단계에서는 교회와 신앙에 어떠한 여지도 실질적으로 주지 않으려는 국가와 인간이라는 이미지가 널리 보급됐습니다.

교회의 신앙은 극단적 자유주의와 충돌했고 뒤이어 자연 과학과도 충돌했습니다. 자연 과학은 지식을 통해 모든 현실의 한계까지 끌어안을 수 있다고 주장했습니다. 그래서 19세기 비오 9세 교황님 시대에 야기됐던 '하느님 존재 가설假說'을 완강히 불필요한 것으로 간주했습니다. 교회는 이와 같은 현대 정신을 가혹하고 철저하게 단죄했습니다. 따라서 양쪽 사이에 긍정적이고 유익한 상호 이해를 위한 여지는 분명 더 이상 없었고, 현대를 대표한다고 느꼈던 이들도 서로 격렬하게 거부했습니다. 그러는 사이에 현대 사회도 발전해 나갔습니다. 사람들은 미국의 독립이 현대 국가의 모델을 제시하고 있음을 이해하기 시작하였습니다. 하지만 이러한 모델은 프랑스 혁명의 둘째 단계에서 생겨난 극단적인 경향의 이론적 모델과는 다른 것이었습니다.

자연 과학도 방법론 자체에서 생겨난 스스로의 한계를 갈수록 분명히 자각해 나가기 시작했습니다. 뛰어난 성과를 올렸음에도 불구하고, 현실의 전체적인 면을 이해할 수 없었던 것입니다. 이와 같이 양쪽 모두 점차적으로 서로에게 마음을 열기 시작했습니다. 제2차 세계 대전 이후 가톨릭 국가 국민들은 중립적 가치만을 내세우지 않게 되었습니다. 그들은 그리스도교로 열린 윤리적 원천에서 물을 길으며 살아가는 평신도로 이루어진 현대적인 국가가 존재할 수 있음을 증명해 보였습니다. 가톨릭 사회 교리도 차츰 발전해 나갔고, 국가에 대한 급진적인 자유주의와 마르크스주의 사이의 중요한 모델로 부각됐습니다. 현실의 현상적인 측면에 국한된 방법으로 연구를 진행하는 자연 과학은 이러한 방법론으로 현실 전체를 파악할 수 없음을 한층 더 분명히 인식했습니다. 그러므로 다시금 하느님께 다가가는 문을 열었습니다. 현실이 자연 과학적 방법론보다 훨씬 크고 그러한 방법론으로 파악할 수 있는 의미보다 훨씬 크다는 사실을 알게 됐기 때문입니다.

제2차 바티칸 공의회 당시 세 가지 형태의 요청이 형성됐고 지금까지 대응을 요구해 왔습니다. 무엇보다 먼저 신앙과 현대 과학의 관계를 새로운 방식으로 정의할 필요가 있었습니다. 더욱이 이런 요청은 자연 과학뿐만 아니라 역사 과학과도 관련된 문제였습니다. 왜냐하면 어떤 학파에서는 역사-비판 방법론이야말로 성경 해석에 종지부를 찍는 것이라고 주장하며, 성경을 이해하기 위한 유일한 방법으로 여겼고 교회의 신앙이 그동안 해왔던 해석 방향의 중요 부분에 반대 입장을 표명했기 때문입니다. 두 번째로 교회와 현대 국가의 관계를 새롭게 정의해야 할 필요가 있었습니다. 현대 국가는 다양한 종교나 관념을 가진 시민들에게 자리를 허락했고, 여러 종교를 평등하게 대하며 시민들이 자신의 종교를 자유롭게 믿고 질서와 관용으로 공존하도록 단순하게 허용했습니다. 세 번째로 종교적 관용의 문제와 보다 일반적으로 결부되는 문제가 있었습니다. 이는 그리스도교 신앙과 세계 종교의 관계를 새롭게 정의 내리도록 요구했던 주제입니다. 특히 나치가 저지른 범죄가 그렇습니다. 이처럼 길고 어려운 역사의 현장을 되돌아보며 교회와 이스라엘 신앙의 관계를 새로운 형태로 평가할 필요가 있었습니다.

연속성과 불연속성 사이의 개혁

매우 중요한 이 모든 주제에 관해 더 폭넓게 살펴보는 것은 불가능합니다. 이 문제는 여러 분야에 걸쳐 나타났으나 실제적으로는 한 가지 문제를 가리키고 있었습니다. 이는 일종의 불연속성의 형태로 나타났는데, 어떤 의미에서는 이 같은 형태로 드러난 것입니다. 그럼에도 구체적인 역사적 상황과 요구를 구별해 본다면 여러 원칙들의 연속성이 방치되지 않았던 것으로 판명됩니다. 언뜻 보기에 쉽게 놓칠 수 있는 사실입니다.

참된 개혁의 본질을 구성하는 다양한 차원에서 연속성과 불연속성의 조합이 이루어집니다. 연속성에서 이루어지는 혁신 과정을 통해, 우리는 우연한 것에 관한 교회의 결정이(예를 들면 자유주의나 성경의 자유로운 해석의 어떤 구체적인 형태) 그 자체로 반드시 우연적이어야 한다는 것을 먼저 더 구체적으로 깨우치는 법을 배워야 했습니다. 왜냐하면 이러한 결정은 그 자체로 변화무쌍한 특정 현실을 말하기 때문입니다. 이와 같은 결정에 있어 오직 원칙만이 지속적인 면을 표현하고, 이면에 머물지만 내면으로부터 결정에 동기를 부여함을 인정해야 합니다.

한편 역사적인 상황에 좌우되고 따라서 변화에 종속되는 구체적인 형태도 마찬가지로 영구적인 것이 아닙니다. 본질적인 결정은 계속 유효할 수 있지만, 그 결정을 새로운 상황에 적용하는 형태는 변할 수 있습니다. 예를 들면 만일 종교의 자유가 진리를 추구하는 인간의 무능력을 표현한다고 여기며 상대주의를 법률적으로 인정한다면, 사회적이고 역사적인 필요성으로 종교의 자유는 부적절하게 형이상학적인 차원의 문제가 되어 버릴 것입니다. 또한 참된 의미를 잃어버리게 되겠지요. 그 결과로 인간이 하느님에 대한 진리를 알 수 있다고 믿는 이들은 종교의 자유를 받아들일 수 없게 됩니다. 이들은 진리의 내적 존엄을 바탕으로 그와 같은 인식과 결부되어 있기 때문입니다.

반면에 종교의 자유를 인간의 공존을 위해 필요한 것으로 여기는 관점은 완전히 다릅니다. 이런 관점은 외부에서가 아니라 오직 확신의 과정을 거쳐 종교적 자유를 인간이 스스로 만들어 내야 하는 진리의 본질적인 결과로 여기도록 합니다. 제2차 바티칸 공의회는 《종교 자유에 관한 선언》에서 현대 국가의 본질적인 원칙을 인정하고 수용하면서 교회의 가장 심오한 유산遺産을 다시금 회복했습니다. 교회는 예수님의 가르침(마태 22,21 참조)을 통해 완전한 일치에 이르렀다고 자각할 수 있습니다. 이는 모든 시대의 순교자와 함께, 순교자들의 교회와 함께하는 일과도 같습니다. 물론 고대 교회는 황제와 정치 지도자들을 위해 기도하는 것을 의무로 여겼습니다(1티모 2,2 참조). 하지만 교회는 기도를 바치긴 했으나 황제를 숭배하는 것은 거부했습니다. 이로써 국가의 종교를 분명히 거부했던 것입니다. 초대 교회의 순교자들은 예수 그리스도 안에 현존하시는 하느님을 향한 신앙을 위해 목숨을 바쳤습니다. 양심의 자유와 자신의 신앙을 고백하는 자유를 위해서도 목숨을 바친 것입니다. 어떠한 국가도 신앙 고백을 강요할 수 없습니다. 신앙 고백은 양심의 자유 안에 하느님의 은총을 통해서만 이루어질 수 있습니다.

선교적 교회는 모든 민족에게 말씀을 선포해야 한다는 사실을 알고 있습니다. 그리고 이런 신앙의 자유를 위해 헌신해야 합니다. 교회는 모든 이를 위해 존재하는 진리의 선물을 전하기를 원합니다. 동시에 그로 인해 국민과 정부가 자신들의 정체성과 문화를 파괴하지 않도록 보장합니다. 오히려 교회는 그들의 마음 깊숙한 곳에서 기다리는 대답을 얻을 수 있도록 이끌어 줍니다. 이 대답을 통해 문화의 다양성이 상실되는 것이 아니라, 사람들 사이의 일치가 자라고 민족들 간의 평화도 커집니다.

신앙과 이성, 역사를 거치며 풍성해진 대화

제2차 바티칸 공의회는 교회의 신앙과 현대 사상의 본질적인 요소 간의 관계를 새롭게 정의하였습니다. 그래서 일부 역사적인 결정을 재고하거나 수정하기도 했지만 명백한 불연속성 안에서도 내적인 본성과 참된 정체성을 유지했고 심화시켜 나갔습니다. 교회는 공의회 이전이나 이후에도 시대의 흐름 안에서 여전히 그 길을 걷고 있습

교회는 공의회 이전이나 이후에도
시대의 흐름 안에서 여전히 그 길을 걷고 있습니다.
그리고 거룩하고 보편적이며,
사도로부터 이어 오는 동일한 교회입니다.

니다. 그리고 거룩하고 보편적이며, 사도로부터 이어 오는 동일한 교회입니다. 교회는 주님께서 오실 때까지 주님의 십자가와 죽음을 전하며 "세상의 박해와 하느님의 위안 속에서 나그넷길을 걷습니다."⁴⁾

현대 사상에 대해 긍정적으로 응답하면서 모든 긴장이 해소되고, 이처럼 실현된 '세상을 향한 개방'이 모든 것을 온전하게 조화하여 변화시킬 거라 기대했던 이들이 있습니다. 이는 현대 시대가 안고 있는 내적 긴장과 모순을 과소평가한 것입니다. 아울러 인간 본성이 지닌 위험한 연약함도 경시했습니다.

이 위험한 연약함이야말로 역사의 모든 시기와 사건에서 인간의 여정을 위협하였습니다. 인간이 물질과 스스로에 대해 새로운 가능성과 힘을 손에 넣는다 할지라도 이러한 위험 요소는 사라지지 않습니다. 오히려 새로운 차원을 받아들이지요. 이는 현재 역사를 보아도 분명히 드러납니다. 우리 시대에도 교회는 여전히 "반대를 받는 표징"(루카 2,34)으로 존재합니다. 이는 당시 추기경이던 요한 바오로 2세 성인 교황님이 1976년에 바오로 6세 성인 교황님과 교황청 관료를 대상으로 했던 피정에서 강의 주제로 선택한 성경 구절입니다. 공의회의 의도는 인간의 잘못과 위험을 반대하는 복음적 입장을 철회하려는 게 아니라, 세상에 위대하고도 순수한 복음의 요청을 제시하도록 무의미하고 오류투성이인 모순을 멈추는 것이었습니다. 공의회가 현대를 향해 내디던 발걸음은 다소 애매하게 '세상을 향한 개방'이라고 소개됐고, 이는 언제나 새로운 형태로 다시 부각되는 신앙과 이성의 관계라는 영원한 문제에 속합니다. 공의회가 직면해야 했던 상황은 말할 것도 없이 이전 시대에 일어났던 사건들에 필적할 만합니다.

베드로 사도는 자신의 첫째 서간에서 신자들에게 그들의 신앙의 근거, 곧 로고스logos를 묻는 사람에게 언제나 대답(아폴로지아apo-logia)[5])을 할 준비를 갖춰야 한다고 권고했습니다(1베드 3,15 참조). 이는 그리스도교 신앙이 그리스 문화와 토론과 만남을 가져야 하고 해석을 통하여 무엇이 서로 구별되는지 알아보는 법을 배워야 하지만, 하느님께서 주신 유일한 이성으로 그들 간의 접점과 유사성도 배워야 함을 의미합니다. 아리스토텔레스 철학은 13세기에 유다인 철학자나 아랍인 철학자들을 통해 플라톤적 전통 안에 형성된 중세 그리스도교와 만나게 됐고, 신앙과 이성은 서로 양립할 수 없는 대립 관계로 빠질 위험을 겪습니다. 이때 신앙과 아리스토텔레스 철학과의 새로운 만남을 솔선해서 중재했던 이가 토마스 아퀴나스 성인이었습니다. 토마스 아퀴나스 성인은 신앙이 당시에 지배적이던 이성의 형태와 긍정적인 관계를 맺게 했습니다. 갈릴레오 재판과 더불어 처음에 부정적인 방식으로 시작됐던 현대 이성과 그리스도교 신앙의 힘겨운 논쟁은 여러 단계를 거쳤지만, 제2차 바티칸 공의회와 함께 폭넓은 사고가 요청되기에 이르렀습니다. 공의회 문헌에 나온 내용은 대략적으로 다뤄졌지만 결정적으로 근본적인 방향성이 제시되어 있습니다.

그래서 오늘날 특히 중요한 이성과 신앙 간의 대화는 제2차 바티칸 공의회를 바탕으로 할 때 방향성을 찾을 수 있습니다. 이제 이 대화는 크게 개방된 사고방식을 갖고 발전해 나가야 하지만, 바로 이 순간 온 세계가 합당한 이유로 우리에게 기대하는 영의 식별 안에 명확히 발전해야 합니다. 이처럼 우리는 감사하는 마음으로 제2차 바티칸 공의회로 시선을 돌릴 수 있습니다. 만일 올바른 해석법으로 제2차 바티칸 공의회 문헌을 읽고 수용한다면, 공의회는 언제나 필요한 교회의 쇄신을 위하여 한층 더 큰 힘이 될 것입니다.

제3장

그리스도교란 무엇인가

신앙과 이성의 만남

하느님을 향한 끊이지 않는 질문

저는 1959년에 본Bonn 대학교에서 교수로 있었습니다. 당시 본 대학은 오직 정교수들만 있는 옛날 체계의 학교였습니다. 개별 강좌가 없었고, 조교나 타이핑을 해 줄 사람도 없었습니다. 그러나 학생들과 직접 만날 수 있었으며, 무엇보다 교수들끼리 교류가 활발하여 강의 전이나 후에 교수실에서 자유롭게 만날 수 있었습니다. 역사가, 철학자, 언어학자들과 만났고 당연히 가톨릭 신학부와 개신교 신학부도 매우 가깝게 지냈습니다. 매 학기마다 한 번씩 '학술 발표회dies academicus'가 있었습니다. 이날은 모든 학과의 교수들이 전체 학생 앞에서 자신의 전공 분야를 소개하면서 말 그대로 '대학universitas'으로서의 체험을 하도록 했습니다. 때때로 의사소통조차 하기 어려울 정도로 다른 전공 분야도 있었지만 교수들은 이성의 올바른 사용에 대해 공동 책임이 있다고 여겼습니다. 그래서 다양한 차원을 경험하면서 하나의 이성을 형성하고자 노력했습니다.

본 대학은 가톨릭 신학부와 개신교 신학부가 있는 것을 자랑스러워했습니다. 비록 모든 이가 신앙을 함께 나눌 수는 없더라도, 두 신학부도 신앙의 합리성에 관해 질문을 던지며 '학문의 대학universitas scientiarum'이라는 '전체'에 속하기 위해 필연적인 작업을 전개했습니다. 신학자들은 신앙과 이성의 상관관계를 규명하려 전념합니다. 이러한 이성 세계의 내적 연관은 다음의 일화에서도 드러납니다. 동료 교수 중 한 명이 본 대학에는 존재하지도 않는 하느님을 연구하는 두 신학부가 있는 것이 이상하다고 이야기하였던 적이 있습니다. 그러나 학교 측에서는 이러한 발언에 흔들리지 않았습니다. 이와 같은 근본적인 회의주의에 직면하고서도 이성으로써 하느님에 관해 질문을 던지는 일은 합당하고 필수적인 일입니다. 이는 그리스도교 신앙의 전통이라는 맥락에서 이뤄져야 합니다. 대학교라는 전체적인 관점에서 볼 때, 이러한 입장은 토론의 여지없이 확실했습니다.

신앙과 이성의 관계라는 주제

저는 최근에 뮌스터 대학의 테오도르 쿠리Theodore Khoury 교수가 출간한 《대화》라는 책을 읽었습니다. 이 책은 학식이 높았던 비잔틴의 마누엘 2세 팔레오로구스 황제가 1391년경에 앙카라의 겨울 진지에서 한 페르시아 학자와 함께 그리스도교와 이슬람교의 진리에 관하여 나눈 내용입니다.[6] 그 후 1394년에서 1402년까지 콘스탄티노폴리스가 점령되었을 때, 황제가 이 대화를 글로 정리한 것으로 보입니다. 그 이유는 페르시아에서 온 학자의 말보다 자신의 대화 내용을 훨씬 더 자세히 기술하고 있

기 때문입니다.[7]

《대화》는 성경과 쿠란에 담겨 있는 신앙 체계 전반에 관해 폭넓게 다루고 있는데, 특히 하느님의 모습과 인간의 모습을 그리고 있습니다. 그리고 필수적인 세 가지 '율법' 혹은 세 가지 '생활 지침'의 관계, 곧 구약 성경과 신약 성경 그리고 쿠란 간의 관계도 다시금 다루고 있습니다. 이 책의 내용 전체를 다루지는 않겠지만 《대화》의 전체 구조에서 매우 지엽적인 한 가지 논점만 다루고 싶습니다. 이 논점은 '신앙과 이성'이라는 주제와 연관하여 저를 매료시켰으며, 이 주제를 성찰하는 데 있어서 출발점이 되리라 생각합니다.

쿠리 교수가 출판한 일곱 번째 대담(《논쟁(διάλεξις)》)에서 황제는 지하드jihad, 곧 성전聖戰이라는 주제를 다룹니다. 황제는 확실히 쿠란의 수라 2장 256절에 나오는 "신앙의 문제는 아무도 강요할 수 없다."는 내용을 잘 알고 있었습니다. 전문가에 따르면 마호메트가 아직 권력을 잡지 못하였고, 주변의 위협을 받던 초창기에 쓰여진 '수라' 중 하나라고 합니다. 하지만 황제는 뒤이어 발전되어 쿠란에 작성된 성전에 관한 규정도 당연히 알고 있었습니다. 황제는 '경전'을 소유한 자와 '불신자'를 차별하는 세부 사항을 언급하지 않습니다. 우리가 받아들이기 힘들 정도로 놀랍고 거칠지만 예리하게 종교와 폭력의 관계에 관한 단순하면서 핵심적인 질문을 던졌습니다. "마호메트가 가져온 새로운 것이 무엇인지 내게 보여 주시오. 여러분은 단지 그가 설파했던 신앙을 칼로써 전하려는 방침처럼 사악하고 비인간적인 것만 보게 될 것이오."[8]

황제는 이렇게 가혹하게 말한 다음, 폭력을 통한 신앙의 전파가 왜 비이성적인 것인지 자세하게 설명합니다. 폭력은 하느님의 본질과 영혼의 본질에 어긋납니다. 황제는 다음과 같이 말합니다.

"하느님께서는 피 흘리는 것을 싫어하시지 않소. 이성에 따라(σὺν λόγω) 행동하지 않는 것은 하느님의 본질에 반대되기 때문이오. 신앙은 육체가 아니라 영혼의 열매이니, 누군가를 신앙으로 이끌고 싶다면 폭력과 위협이 아니라 설득력 있게 말하고 올바르게 추론할 역량이 필요하오. 이성적으로 영혼을 설득하기 위해서는 다른 이를 죽이겠다고 위협하는 강한 팔이나 무기, 그 밖의 어떤 도구도 필요없소."[9]

합리성과 절대적 초월 사이

폭력을 사용한 개종을 반대하는 논증에서 결정적인 주장은 다음과 같습니다. 이성에 따라 행동하지 않는다면 이는 하느님의 본질에 맞갖지 않다는 것입니다.[10] 편집자인 쿠리 교수는 이를 다음과 같이 해설합니다. 그리스 철학 교육을 받고 자란 비잔틴 출신 황제에게 이러한 주장은 분명한 사실입니다. 반면 무슬림의 가르침에 따르면 하느님은 절대적으로 초월적 존재입니다. 하느님의 뜻은 인간의 어떤 범주에도 얽매이지 않고, 이성의 범주에도 속하지 않습니다.[11] 이런 맥락에서 쿠리 교수는 프랑스의 유명한 이슬람 학자인 로제 아르날데R. Arnaldez의 글을 인용하고 있습니다. 그는 이븐 하즘Ibn Hazm이 하느님께서는 당신께서 직접 하신 말씀에 얽매이지 않으시고, 인간에게 진리를 계시하실 의무조차 없다고 주장하기에 이르렀다고 밝힙니다. 하느님의 뜻이라면 인간은 우상 숭배도 실천해야 한다는 것입니다.[12] 바로 이 지점에서 하느님에 대한 이해와 신앙생활의 구체적인 실천 면에서 딜레마가 시작됩니다. 이 딜레마는 오늘날 우리가 매우 직접적으로 당면한 문제입니다. 이성을 거슬러 행동하는 것이 하느님의 본성과 반대된다는 확신은 단지 그리스적 사고방식입니까? 아니면 그 자체로 언제나 타당합니까? 저는 이 상황에서 가장 훌륭한 의미에서 그리스적인 것과 성경에 바탕을 둔 하느님에 대한 신앙 사이에 깊은 일치가 드러난다고 생각합니다.

요한 복음사가는 성경의 첫 소절인 창세기 1장 1절을 변형하여 요한 복음서 서문을 "한처음에 말씀(λόγος)이 계셨다."(요한 1,1)로 시작하고 있습니다. 이 단어는 바로 황제가 다음과 같이 말할 때 사용하는 단어와 똑같습니다. 하느님께서는 '로고스와 함께(σὺν λόγῳ)' 활동하십니다. 로고스는 이성과 말씀이라는 뜻을 모두 갖고 있습니다. 이 이성은 창조자이시며, 이성으로써 소통할 역량이 있습니다. 요한 복음사가는 '로고스'라는 말로 하느님의 성서적 개념을 결정적으로 표현했습니다. 이 말 안에 성서적 신앙의 힘들고 구불구불한 길은 목적에 이르고, 그 모든 과정이 집약됩니다.

요한 복음사가는 한처음에 '로고스'가 있었고 그 '로고스'는 하느님이시라고 말합니다. 성서적 메시지와 그리스 사상의 만남은 단순한 경우가 아닙니다. 아시아로 가는 길이 막혔을 때에, 꿈에서 마케도니아 사람 하나가 "마케도니아로 건너와 저희를 도와주십시오."(사도 16,9)라고 청하는 것을 본 바오로 사도의 환시는 성서적 신앙과 그리스적 탐구의 상호 접근이라는 내적 필요성을 '압축하여' 표현한 것으로 해석될 수 있습니다.

진정한 계몽주의와 종교의 만남

이러한 접근은 이미 상당히 오래전에 시작됐습니다. 불타는 떨기나무에서 하느님의 신비스러운 이름이 드러났던 것을 생각해 봅시다. 하느님께서는 여러 이름을 가진 다른 신성과 구분하여 단순히 "나다." 하고 당신의 존재를 말씀하심으로써 신화를 극복하신 것입니다(탈출 3,14 참조). 이는 신화를 극복하고 초월하려 했던 소크라테스의 시도와 내적인 유사성을 가지고 있음을 보여 줍니다.[13]

  불타는 떨기나무에서 시작된 여정은 구약 성경 안에서 유배 기간 동안 새로운 성숙기에 이르게 됩니다. 이스라엘 민족은 유배 지역에서 하느님을 공경할 땅과 장소가 없었습니다. 그런 이스라엘의 하느님께서는 자신을 하늘과 땅의 하느님으로 선포하고, 불타는 떨기나무에서 하신 말씀인 "나다."(탈출 3,14)의 연장선에 있는 간단한 방식으로 표현하십니다. 하느님에 대한 이러한 새로운 인식을 통해 단지 사람 손으로 만든 작품에 불과한 우상들을(시편 115 참조) 완전히 조롱하는 일종의 계몽주의와 같은 단계로 넘어가게 됩니다. 이와 같이 그리스도교 신앙을 강제로 그리스 생활 양식과 우상숭배에 동화시키려 한 헬레니즘의 군주들과 첨예하게 대립하였습니다. 이 성서적 신앙은 헬레니즘 시대에 그리스 사상의 가장 뛰어난 부분과 상통하게 되어 후기 지혜 문학에서 완성되게 됩니다.

오늘날 우리는 이른바 '70인역'이라고 하는, 알렉산드리아에서 이루어진 그리스어 구약 번역본이 단순히 히브리어 원문을 번역하는 것 이상임을 잘 알고 있습니다. 만일 번역에만 그쳤더라면 아마도 그다지 긍정적이지 않게 평가했을 것입니다. 실제로 70인역은 독자적인 내용을 가지고 있고, 계시 역사에서 특별히 중요한 진일보를 했음을 보여 줍니다. 계시 역사 안에서 그리스도교의 성립과 그 전파에 결정적 의미를 지닌 신앙과 그리스 사상의 만남이 실현된 것입니다.[14] 이는 결국 신앙과 이성, 진정한 계몽주의와 종교의 만남을 다룹니다. 마누엘 2세 황제는 그리스도교 신앙의 내적 본질에서 시작하여, 동시에 신앙과 이미 융합된 그리스 사상의 본질에서 시작하여 다음과 같이 이야기합니다. "'로고스와 함께' 행동하지 않는 것은 하느님의 본질에 맞갖지 않소."

참다운 하느님의 모습

중세 후기 신학에서는 그리스 정신과 그리스도교 정

신 사이의 통합을 무너뜨리려는 경향이 커졌습니다. 둔스 스코투스는 아우구스티노 성인과 토마스 아퀴나스 성인의 '주지주의intellettualismo'에 맞서 '주의주의volontarismo'를 내세웠습니다. 주의주의는 더 발전하여 우리가 하느님에 대해서 단지 그분께서 '정하신 의지voluntas ordinata'만 인식할 수 있다는 주장에 이르게 됩니다. 이를 넘어서는 곳에 하느님의 자유가 있습니다. 이 자유 덕분에 하느님께서는 자신이 실제로 이룩하신 모든 것과 반대되는 결과를 이루실 수도 있으셨습니다. 여기서 틀림없이 이븐 하즘의 주장과 매우 유사해 보이는 입장이 드러납니다. 진리와 선과도 전혀 무관한 '자의적 하느님Dio-Arbitrio'의 모습에 이를 수 있게 되었다는 사실입니다.

하느님의 초월성과 상이성이 너무 과장되게 강조되어 우리의 이성, 진리와 선에 대한 감각은 더 이상 하느님을 비추는 참다운 거울이 아니게 됩니다. 또한 하느님의 근원적인 가능성은 인간에게 영원히 도달할 수 없고, 그분께서 정하신 구체적인 결정 뒤에 숨겨져 있는 것이 됩니다. 이러한 주장에 맞서 교회의 신앙은 언제나 다음과 같은 신념을 확고히 해 왔습니다. 곧, 하느님과 인간 사이, 하느님의 영원하신 창조주 성령과 인간의 창조된 이성 사이에는 참다운 유비analogia가 존재한다는 주장입니다. 1215년 제4차 라테라노 공의회에서 선포된 것처럼, 하느님과 인간의 다름dissomiglianze은 유사성somiglianze보다 무한하게 큽니다. 그럼에도 이 둘 사이의 유비와 대화는 사라지지 않습니다.

하느님을 순수하고 통찰할 수 없는 주의주의의 영역에 모셔 두면서 우리와 멀어지게 한다고 해서 더 하느님다워지시는 건 아닙니다. 오히려 참하느님께서는 '로고스'로 드러나시고, '로고스'로서 행동하십니다. 그리고 우리를 위해 사랑으로 충만하시며 행동하시는 바로 그 하느님이시지요. 물론 바오로 사도가 말한 대로, 사랑은 인간의 지각을 '뛰어넘는 것'이고, 이로 인해 하느님께서는 단순한 사고思考 이상을 깨닫는 능력을 지니고 계십니다(에페 3,19 참조). 하지만 사랑은 '로고스'-하느님의 사랑으로 남아 있습니다. 그래서 그리스도교 예배는 바오로 사도의 말처럼 영원한 말씀이신 분과 인간의 이성이 조화를 이루는 '합

당한 예배(λογική λατρεία)'입니다(로마 12,1 참조).[15]

유럽 국가들의 토대가 된 그리스도교

성서적 신앙과 그리스 사상의 철학적 차원의 탐구 사이에 이루어진 이러한 내적인 상호 접근은 종교사의 관점만이 아니라 세계사의 관점에서도 중요한 결정적인 사건입니다. 오늘날에도 우리를 전념하게 만들기 때문입니다. 이러한 그리스도교와 그리스 사상의 만남을 고려해 볼 때, 그리스도교가 동양에 그 기원을 두고 중요한 발전을 이뤘음에도 불구하고, 궁극적으로 유럽에서 역사적으로 결정적인 흔적을 찾을 수 있다는 사실은 놀라운 일이 아닙니다. 뒤이어 로마의 유산까지 가미된 이 만남은 유럽 문화 전반을 형성하였습니다. 그리고 참된 의미에서 '유럽'이라고 불리는 국가들의 토대가 되었습니다. 비판적으로 정화된 그리스의 유산이 본질적으로는 그리스도교 신앙에 속한다는 주장은 근세 초기 이후 신학에서 점차 지배적으로 퍼져 나갔던 그리스도교의 탈헬레니즘화

하느님을 순수하고 통찰할 수 없는 주의주의의 영역에
모셔 두면서 우리와 멀어지게 한다고 해서
더 하느님다워지시는 건 아닙니다.
오히려 참하느님께서는 '로고스'로 드러나시고,
'로고스'로서 행동하십니다.

요청에 대해 반대 입장을 취합니다. 앞의 주장을 자세히 살펴보면, 탈헬레니즘화의 프로그램에는 서로 연관이 있지만 동기와 목표에 있어서는 확연히 구별되는 세 가지 흐름이 있음을 알 수 있습니다.[16]

탈헬레니즘화는 먼저 16세기 종교 개혁의 주장과 연관이 있습니다. 종교 개혁가들은 신학의 교육 전통이 철학으로만, 이른바 신앙이 아닌 것에서 비롯되는 사상으로만 신앙을 체계화한 것이라고 보았습니다. 여기에서 신앙은 더 이상 살아 있는 말씀의 역사가 아니라 하나의 철학 체계 안에 갇혀 있게 됩니다. 이에 반하여, '오직 성경으로만Sola Scriptura'이라는 주장은 성경 말씀에 나타난 본래 있는 그대로를 지닌 순수한 초기 형태의 신앙을 추구합니다. 여기에서 형이상학은 다른 곳에서 연유된 전제로 간주됩니다. 종교 개혁가들은 신앙을 이 전제에서 해방하여 신앙 본래의 모습을 찾을 수 있게 해야 한다고 합니다. 칸트는 신앙을 논하려면 사유를 배제하여야 한다는 주장을 하였습니다. 이를 바탕으로 종교 개혁가들조차 예상하지 못한 급진성을 띠고 신앙을 다룹니다. 이리하여 칸트는 신앙을 단지 실천 이성과 연관시키면서 현실 전체와의 연관을 차단합니다. 19~20세기의 자유주의 신학은 탈헬레니즘화의 두 번째 흐름을 가져오는데, 아돌프 폰 하르나크Adolf von Harnack가 뛰어난 대표자입니다. 이러한 사상은 제 학창 시절과 학문 활동을 시작할 무렵에 가톨릭 신학계에서 강한 영향력을 행사하고 있었습니다. 파스칼은 철학자들의 하느님과, 아브라함과 이사악과 야곱의 하느님을 구분하여 이러한 사상의 출발점을 마련하였습니다.

저는 1959년 본 대학의 교수 취임 강연 때 바로 이 문제를 다루었지만,[17] 이를 새삼스레 다시 언급하고 싶지는 않습니다. 다만 두 번째 탈헬레니즘화의 흐름에서 첫 번째 흐름과 확연히 구분되는 새로운 점을 최대한 간략하게 말씀드리고자 합니다. 하르나크 사상의 핵심은 모든 신학적 체계화와 헬레니즘화에 앞서, 예수님이라는 소박한 인간과 그분이 전한 소박한 복음으로 돌아가자는 것입니다. 그리고 이러한 소박한 복음이 인류의 종교적 발전의 참다운 정점을 이룬다고 하였습니다. 그는 예수님을 윤리를 위하여 예배를 배격한 분으로, 인도주의 윤리적 메시지를 담은 복음의 아버지로 묘사하고 있습니다. 하르나크의 목표는 근본적으로 그리스도교를 현대의 이성과 조화를 이루도록 이끄는 데 있습니다. 이리하여 그리스도교를 철학과 신학에 속하는 요소에서 해방시키려 했습니다. 예를 들어 그리스도의 신성과 하느님의 삼위일체성에 대한 믿음 같은 요소를 배제하려는 것입니다. 이런 의미에서 하르나크는 신약 성경에 대한 역사 비평적 주석이 신학을 다시 대학의 세계 안에 들어올 수 있게끔 체계를 마련했다고 봅니다. 하르나크에게 신학은 본질적으로는 역사적이기에 엄밀히 과학적입니다.

신학이 예수님에 대한 비평을 통하여 얻은 것이 이른바 실천 이성의 표현이기에 결과적으로 대학의 전체 영역 안에 유지될 수 있다는 것입니다. 이러한 주장의 배경은 칸트의 3대 비판서에서 대표적인 예를 찾아볼 수 있는 것처럼 근대에 들어와 이성의 영역을 제한한다는 것입니다. 하지만 그러는 사이 이성은 자연 과학적 사고로 더욱 급진적인 형태를 띠게 되었습니다. 이성에 대한 이러한 현대적 이해는 한마디로 기술의 성공으로 증명된 플라톤주의(데카르트주의)와 경험주의의 종합에 기반을 둔 것입니다.

한편으로 이성에 대한 이러한 이해에는 물질의 작용 방식을 이해하고 이런 활용을 가능케 하는 물질의 수학적 구조, 이른바 내적 합리성이 전제되어 있습니다. 이러한 근본적인 전제는 이른바 자연에 대한 현대적 개념 안에 포함된 플라톤적 요소입니다. 다른 한편으로 이성에 대한 이러한 이해는 인간의 목적을 위한 본성의 기능화와 연관이 있습니다. 여기에서는 실험을 통한 진위의 검증 가능성이 무엇보다도 결정적인 확실성을 보장하게 됩니다. 진위 사이의 저울추는 상황에 따라 흔들리게 됩니다. 자크 뤼시앵 모노Jacques Lucien Monod 같은 철저한 공리주의자도 스스로를 확신에 찬 플라톤주의자라고 밝힌 바 있습니다.

이는 우리가 다루는 문제에 결정적인 두 가지 근본적 방향을 제시합니다. 첫 번째로, 이제는 수학과 경험의 시너지로 확보된 확실성을 통해서만 학문성을 논할 수 있게 되었습니다. 무엇이든 학문이 되려면 이 잣대에 맞아야 하는 것입니다. 그래서 역사, 심리학, 사회학, 철학 등 인간에 관한 학문들도 이 학문성의 원칙에 자신을 맞추어야 합니다. 우리의 성찰에 중요한 두 번째 관점은 그러한 방법이 하느님에 관한 논의는 배제하고 있다는 사실입니다. 그리고 하느님에 관한 이러한 논의는 비학문적이거나 학문 이전의 문제로 보이도록 합니다. 하지만 이렇게 함으로써, 학문과 이성의 영역을 축소시키는 결과를 낳게 됩니다. 이에 대하여 문제 제기를 할 수밖에 없습니다.

자의적 환원주의의 위험

이러한 관점에서 신학을 '학문적으로' 유지하려고 한다면 그리스도교에서 보잘것없는 조각만 남게 되리라는 사실은 자명합니다. 그러나 이러한 것이 학문의 전체라면 바로 인간 자신도 축소될 수밖에 없습니다. '어디서 와서 어디로 가는지'에 대한 인간의 근본적인 물음은 종교와 윤리ethos의 문제이며, 따라서 앞에서 이해한 식의 '학문'으로 그릇되게 묘사된 일반적인 이성에서는 자리를 찾을 수 없고, 주관의 영역에 속하게 되고 맙니다. 주관은 자신에게 종교적이라고 여겨지는 것이 무엇인지를 경험을 바탕으로 결정합니다. 그리고 주관적 '양심'이 궁극적으로 유일한 윤리적 법정이 됩니다. 이리하여 윤리와 종교는 공동체를 형성하는 힘을 상실하고 자의恣意의 영역에 빠지게 됩니다. 그러나 이러한 상황은 인류에게 위험합니다. 이는 종교와 윤리의 문제가 더 이상 이성에 속하지 않는 상황에서 필연적으로 발병됩니다. 종교와 이성에 위협적인 병리 현상으로 보이기도 하지요. 진화론이나 심리학과 사회학을 통하여 윤리적 탐구를 하는 것은 충분하지 않습니다.

이 모든 논의의 결론을 내리기 전에 간단하게 요즈음 세간에서 논의되고 있는 탈헬레니즘화의 세 번째 흐름에 대하여 말씀드리고 싶습니다. 오늘날 다양한 문화의 접촉으로 사람들은 초기 교회에서 이룩한 그리스도교와 헬레니즘의 종합을 그리스도교의 첫 번째 토착화라고 이야기하곤 합니다. 토착화란 결코 다른 문화들에 매여 있어서는 안 됩니다. 그런데 어떤 이들은 다른 문화들에도 그리스도교가 그리스 문화와의 종합으로 이룩한 이러한 토착화 이전의 신약 성경의 소박한 메시지로 돌아가, 자신의 영역에서 새로운 토착화를 이룩할 권리가 있다고 주장합니다. 이러한 주장이 완전히 틀린 것은 아니나 어설프고 부정확합니다. 신약 성경은 그리스어로 쓰였고, 그 안에는 그리스 정신과 접촉한 내용이 담겨 있습니다. 그리고 이 접촉은 신약 성경 이전의 구약 성경의 형성 과정에서도 있었습니다. 초기 교회의 발전 과정에는 분명히 다른 문화에 속하지 않는 측면이 있습니다. 그럼에도 신앙과 인간 이성의 관계와 연관된 근본적 결단들은 이러한 신앙 자체에 속하는 것이며, 신앙의 본질에 상응하여 전개됩니다.

이성의 개념을 넓힌다는 것

제가 한 현대 이성의 비판에 대한 시도가 계몽기 이

전으로 돌아가서 현 시대의 확신을 저버려야 한다는 것은 결코 아닙니다. 현대 정신의 발전이 이룩한 업적은 무조건 인정하여야 합니다. 우리는 모두 현대 정신의 발전이 인류에게 가져다 준 커다란 가능성과 인류에게 선사한 진보를 고맙게 여깁니다. 학문성의 윤리ethos는 결국 진리에 대하여 복종하는 의지를 의미하고, 따라서 그리스도교 정신의 근본적 결단에 속하는 태도를 표현합니다. 저는 과거로 회귀하자거나 부정적 비판을 하려는 것이 아닙니다. 오히려 이성의 개념과 그 사용의 확대를 주장합니다. 인류의 새로운 가능성에 대하여 기뻐하면서도 이러한 가능성에서 연유하는 위험들이 보이기에 이러한 위험을 어떻게 극복할 수 있을지 묻게 됩니다. 이는 이성과 신앙이 새로운 방식으로 협력할 때 가능할 것입니다. 곧 우리가 이성을 경험적으로 검증 가능한 것으로 제한하는 것을 극복하여 이성의 온전한 영역을 열어야 한다는 뜻입니다.

이러한 의미에서 신학은 단지 역사적이고 인문학적인 학문일 뿐 아니라, 진정하고 고유한 '신학'이 됩니다. 다시 말해 신학은 대학에서 신앙의 이성에 관한 문제를 다루면서 학문에 대한 폭넓은 대화를 하는 가운데 제자리를 잡아 나가야 합니다. 이렇게 할 때에, 우리에게 매우 시급히 필요한 문화와 종교의 참다운 대화가 가능해질 것입니다. 서구 세계에서는 공리주의적 이성만이, 그리고 이에 속하는 철학 형식만이 보편적이라는 생각이 팽배해 있습니다. 그러나 전 세계의 심오한 종교 문화에서는 이렇게 이성의 보편성에서 신적인 것을 배척하는 행동을 그들의 내적 확신에 대한 공격으로 봅니다.

신적인 것에 귀를 닫고 종교를 하위 문화로 내모는 이성은 문화와 대화를 할 수가 없습니다. 그럼에도 현대의 자연 과학적 이성은 그 내면에 플라톤주의적인 요소들과 더불어, 제가 말씀드리고자 한 바처럼 자신과 그 방법적 가능성을 넘어서는 문제를 내포하고 있습니다. 과학적 이성은 물질의 합리적 구조, 그리고 본성을 지배하는 합리적 구조들과 인간 정신 사이의 연관성을 이미 주어진 조건으로 받아들여야 합니다. 그 위에 과학적 이성의 방법론적 수단이 토대를 두고 있습니다. 하지만 이러한 것이 왜 필요한지에 대한 물음이 제기될 수 있고, 자연 과학뿐 아니라 철학과 신학과 같은 다른 사유의 차원과 방법에도 제기되어야 합니다. 인류의 종교적 전통, 특히 그리스도교 신앙에 대한 위대한 경험과 확신을 경청하는 것은 철학을 위해 그리고 또 다른 차원에서 신학을 위한 인식의 원천이 됩니다. 이러한 원천을 거부하는 것은 우리의 경청과 대답을 부당하게 축소함을 의미합니다.

플라톤의 《파에돈*Phaedon*》에서 소크라테스가 파에돈에게 한 말이 떠오릅니다. 앞서 많은 이들이 그릇된 철학적 소견을 제기하자 마침내 소크라테스가 입을 엽니다. "어떤 이가 이야기하는 그릇된 주장에 매우 화가 나서, 평생 동안 존재에 관한 모든 논의를 증오하고 경멸한다 해도 이해가 갑니다. 그러나 이렇게 하면 존재의 진리를 잃게 되어 커다란 손실을 보게 됩니다."[18]

서구에서는 오랫동안 자신의 이성에 대한 이러한 근본적 질문을 거부하여 위험에 빠졌고, 그래서 커다란 손실을 볼 수도 있습니다. 이성의 폭넓은 영역에 마음을 열고 이성의 위대함을 거부하지 않는 용기. 이것이야말로 성서적 신앙에 바탕을 둔 신학이 현 시대의 논쟁에 뛰어들 때 취하여야 할 자세입니다. 마누엘 2세 황제는 하느님에 대한 자신의 그리스도교적 이미지에서 출발하여, 페르시아에서 온 대화 상대에게 이렇게 말하였습니다.

"비이성적으로 행동하는 것, 곧 로고스와 함께 행동하지 않는 것은 하느님의 본질에 맞갖지 않소."

이 위대한 로고스 안에서, 이 방대한 이성의 영역 안에서 우리의 대화 상대를 문화의 대화로 초대합시다. 이 이성을 끊임없이 다시금 되찾는 것이야말로 대학의 큰 숙제이기 때문입니다.

모든 문화의 시작점, 그리스도교

주님의 말씀을 찾는 이들

파리의 베르나르딘 대학은 과거에 젊은 수도자들이 살았던 곳이기에 수도원 문화와 깊은 관련이 있습니다. 이곳에 살았던 수도자들은 자신의 소명을 더 깊이 이해하고, 주어진 사명을 더 잘 살고자 노력했습니다. 이는 오늘날 우리도 관심을 갖는 주제입니다. 이런 오래된 대학에 방문하게 될 때 단지 지나간 과거의 흔적만을 보고 있다면 서양 수도 생활의 본질에 관해 잠시 성찰해야 합니다.

 수도원은 민족 이동과 체제를 갖추어 가던 새로운 국가 질서로 야기된 거대한 문화적 격변 속에서 고대 문화의 보물을 간직한 곳이 되었습니다. 그와 관련하여 조금씩 새로운 문화를 형성했지요. 그런데 어떻게 이런 일이 발생하게 되었을까요? 수도원에 모인 이들의 동기는 어떤 것일까요? 무슨 의도를 가지고 있었을까요? 어떻게 살았을까요? 무엇보다 먼저 말씀드려야 할 것이 있습니다. 현실적으로 그들은 하나의 문화를 만들려는 의도가 없었을 뿐 아니라 과거의 문화를 보존하려는 의도조차 없었습니다. 동기는 훨씬 더 근본적이었습니다. 그들의 목표는 '퀘레레 데움quaerere Deum', 곧, 하느님을 찾는 일이었습니다. 그리고 누구도 견디지 못할 시대적 혼란 속에서 본질적인 일을 추구하고자 했습니다. 영원히 가치 있고, 지속되며, 생명 그 자체이신 분을 찾는 데 전념하길 원했습니다. 그들은 하느님을 추구하며 부차적인 것에서 본질적인 정말 중요하고 신뢰할 수 있는 무언가로 넘어가고자 했는데, 이는 '종말론적'인 방식을 지향했음을 뜻합니다. 하지만 세상의 종말을 바라본다거나, 자신의 죽음을 바라보는 것처럼 시간적인 의미가 아닌 실존적인 의미로 이해하고자 했습니다. 일시적인 존재 이면에서 결정적인 존재를 찾았던 것입니다.

'하느님을 찾는 일Quaerere Deum.' 그들은 그리스도인이었기에 길 없는 사막에서 하는 탐험, 절대적인 어둠을 향한 탐구를 목표로 하였습니다. 하느님께서 직접 이정표를 세우셨고, 더 나아가 길을 다지셨기에 그 길을 찾아 따라가는 것이 남은 과제였습니다. 이 길은 바로 성경을 통해 사람들 앞에 펼쳐진 하느님의 말씀이었습니다. 그러므로 하느님을 찾는 일은 장 르클레르크Jean Leclercq가 말했듯이 본질적으로 말씀의 문화를 필요로 합니다. 그에 따르면 서방의 수도 생활에서 '종말론escatologia'과 '문법grammatica'은 서로 내적으로 연결되어 있습니다.[19)] 하느님에 대한 열망은 곧 말씀에 대한 사랑을 포함하며 모든 차원을 망라합니다. 성경 말씀 안에서 하느님께서는 인간을 향한 여정 중에 계시고, 인간 역시 그분을 향해 나아갑니다. 그러기에 우리는 성경의 언어가 지닌 비밀을 꿰뚫으며 이 언어의 표현 방식과 구조를 이해해야 합니다. 따라서 하느님을 찾고 있기에 언어를 이해하는 길을 제시해 주는 세속적인 과학이 중요해집니다. 같은 이유로 거기에 학교도 포함됩니다. 학교에서 그 길이 구체적으로 열리기 때문이죠. 베네딕토 성인은 수도원을 '주님을 섬기는 학교Dominici Servtii schola'라고 하였습니다. 수도원은 에루디시오eruditio, 곧 인간의 지식 함양과 양성에 이바지합니다. 여기서 말하는 양성이란 인간이 하느님을 섬기는 법을 배우는 것을 궁극적인 목표로 삼습니다. 하지만 이것은 또한 이성의 양성, 지식 함양을 의미하기도 합니다. 이를 토대로 인간은 인간의 말 가운데에서 하느님의 말씀을 알아듣는 법을 배우기 때문입니다.

말씀은 공동체의 기초

하느님 추구의 본질에 속하는 말씀의 문화를 온전히 이해하려면 한 걸음 더 나아가야 합니다. 하느님을 찾는 길을 열어 주고, 그 길 자체인 말씀은 공동체와 관련되어 있습니다. 물론 말씀은 각 사람의 마음을 꿰찌릅니다(사도 2,37 참조). 대 그레고리오 1세 교황님은 이를 우리의 졸린 영혼을 갈가리 찢는 갑작스런 심한 통증 같은 것으로, 본질적인 현실과 하느님께 주의를 집중하도록 일깨운다고 표현합니다.[20] 하지만 또한 서로가 서로에게 주의를 기울이도록 합니다.

말씀은 단지 개인이 신비적 몰입에 빠지는 길로 인도하지 않고, 믿음 안에서 함께 걷고 있는 이들과 더불어 나아가는 친교의 길로 이끌어 줍니다. 이런 까닭에 말씀을 성찰할 뿐만 아니라 올바른 방법으로 읽어야 합니다. 랍비 학파에서 하는 것처럼 수도자들 간에 개인이 말씀을 읽는 의무는 동시에 공동체 행위가 됩니다. 이 점에 관해 장 르클레르크는 이렇게 말합니다. "하지만 '읽기와 독서 lectio'는 평소에 노래를 부르거나 글을 쓰는 것처럼 특별한 기교 없이 온몸과 온정신을 기울이는 활동입니다."[21]

하느님께서는 성경 말씀을 통해 우리가 그분과 어떻게 이야기를 나눌 수 있는지 가르쳐 주시는데, 이때 시편 말씀을 이용하십니다. 시편 말씀은 그분의 지극히 높은 삶과 아주 낮게 낮추신 삶을 통해 우리가 그분 앞에서 대화하도록 이끌어 줍니다. 이처럼 우리 삶 자체가 그분을 향해 움직이며 변화할 수 있도록 합니다. 시편은 악기를 표시하고 어떻게 노래해야 하는지에 대한 지침을 반복적으로 포함합니다. 하느님 말씀에 토대를 두고 기도하기 위해서는 단지 글을 읽는 것만으로는 충분하지 않습니다. 이때는 음악도 필요합니다. 그리스도교 전례의 두 가지 성가는 성경 말씀에서 유래한 것으로 천사의 입을 통해 울려 퍼집니다. 예수님의 탄생 때 천사가 노래했던 '대영광송'과 이사야서 6장에 나오는 하느님 가까이에 있던 사람들(세라핌)이 외쳤던 '거룩하시도다'입니다.

이런 점에 비추어 볼 때 그리스도교 전례는 천사들과 함께 노래하고 말씀을 가장 높은 목적지인 하느님께 돌려드리라는 초대입니다. 이러한 맥락에서 장 르클레르크의 표현을 한 번 더 살펴봅시다. "구원된 인간이 전례로 거행하는 신비에 대해 공감을 느끼고 거기서 은총을 받는 강조점을 찾아야 합니다. 지금까지 보존된 클뤼니 베네딕토회 수도원 중 몇몇 곳에서는 성가의 다양한 음조로 그리스도론적인 상징을 표현합니다."[22]

음악, 하느님을 찬미하는 수단

베네딕토 성인의 경우 시편 말씀은 수도자들의 기도와 성가를 위한 결정적인 규칙과 같은 것입니다. "주님, 천사들 앞에서 당신께 찬미 노래 부르려 합니다Coram angelis psallam Tibi, Domine."(시편 138,1 참조)[23] 이 시편 구절은 천상 어좌 앞에서 공동체 기도를 바치는 가운데 찬미 노래를 부른다는 자각을 표현합니다. 따라서 최고자 앞에 선 상태라고 할 수 있습니다. 지상의 음악과 우주를 조화롭게 창조한 분으로 여겨지는 최상의 영들이 연주하는 음악과 하나가 될 수 있도록 기도하고 노래하는 것이지요.

여기서 클레르보의 베르나르도 성인의 깊이 있는 묵상을 이해할 수 있습니다. 베르나르도 성인은 가장 아름답게 바쳐야 할 시편 찬미가를 불협화음으로 끔찍하게 부른 수도자들을 단죄하기 위해 아우구스티노 성인이 이야기한 플라톤의 말을 인용합니다. 아우구스티노 성인에게 있어서 찬미가를 끔찍하게 부르는 행동은 단순한 사고나 부차적인 사고가 아니었습니다. 그는 잘못 이행된 찬미가의 혼란 사태를 '이질 지대異質地帶', 곧 '레지오 디시밀리투디니스regio dissimilitudinis'로 추락하는 것으로 간주했습니다. 아우구스티노 성인은 회심하기 전 자신의 내면 상태를 표현하기 위해 이 단어를 플라톤 철학에서 차용합니다(cf. 《고백록Confess.》 VII, 10.16). 하느님의 모상으로 창조된 인간은 그분을 저버렸기에 이질 지대로 추락하고 맙니다. 여기는 하느님으로부터 멀리 떨어진 지대로, 이곳에서 인간은 더 이상 하느님의 모습을 반영하지 않습니다. 하느님과 비슷하지 않게 될 뿐 아니라 자기 자신, 참된 인간 존재와도 이질적인 상태가 됩니다.

베르나르도 성인이 수도자들이 부른 성가를 잘못된 찬미 노래로 간주하기 위해 이 단어를 사용한 것은 당연히 과격한 처사일 겁니다. 이 단어가 자기 자신으로부터 멀어진 인간의 타락을 나타내기 때문이죠. 하지만 성인이 이 일을 얼마나 진지하게 받아들였는지도 보여 줍니다. 찬미 노래를 부르는 것은 수도자들이 존재하는 이유이기도 합니다. 수도자들의 기도와 찬미 노래는 하느님 말씀의 위대함에 일치하도록, 이런 진정한 아름다움에 맞갖도록 살아가야 함을 입증합니다.

위대한 서양 음악은 하느님과 이야기를 나누고자 하는 마음과, 하느님께서 직접 주신 말씀으로 그분을 찬미하고자 하는 욕구에서 탄생하였습니다. 이러한 욕구는 음악가 개인이 자신의 잣대를 기준 삼아 스스로를 위한 기념비를 세우는 사적인 '창의성'을 말하는 게 아닙니다. 이는 '마음의 귀'로써 음악이 지닌 창조의 본질적 법칙과, 세상과 인간을 창조하신 하느님께서 불어넣으신 음악의 본질적 형태를 주의 깊게 인정하는 것입니다. 그로써 하느님과 인간 모두에게 합당하고 순수하게, 그리고 인간의 존엄성을 울려 퍼지게 만드는 음악을 찾는 일을 뜻합니다.

문자 그 자체를 넘어선 본질적인 하느님 말씀

'말씀의 문화'는 서구 수도원의 내부에서 시작하여 하

느님을 찾는 것으로 발전되었습니다. 이 문화를 이해하려면 수도자들이 하느님의 말씀을 만났던 성경 책 혹은 책이라는 물건의 특수성에 관해 짚고 넘어가야 합니다. 순전히 역사적인 관점이나 문학적인 관점에서 바라본 성경은 단순한 책이 아니라, 문학적 본문의 모음집입니다. 성경 본문 초안은 천 년 이상에 걸쳐 작성되었으며 각 권들은 내적 통일성을 갖춘 단일 작품이 아닙니다. 오히려 눈에 띄는 긴장이 존재하지요. 이는 우리가 구약 성경이라고 부르는 이스라엘의 성경 안에서도 마찬가지입니다. 더욱이 그리스도인이 신약 성경과 작품들을 해석하는 열쇠로써 이스라엘의 성경과 연결할 때나 구약 성경을 그리스도께 이르는 길로 해석할 때는 더욱 그렇습니다.

신약 성경Nuovo Testamento에서 성경Bibbia은 일반적으로 '책Scrittura'으로 규명되지 않고, '책들Scritture'로 분류됩니다. 이 책들이 함께 어우러지면서 하느님께서 인간에게 하신 유일한 말씀으로 간주되기 때문입니다. 하지만 이 복수 형태는 여기서 하느님 말씀이 오직 인간의 말을 통해 우리에게 도달함을 이미 분명히 드러냅니다. 다시 말해 하느님께서는 인간의 말과 역사를 통해서만 말씀하신다는 뜻입니다. 이런 사실은 하느님 말씀과 인간의 말[24]이 지닌 신성한 측면이 단순히 명백하지 않음을 의미합니다. 현대적 표현으로 말하면 이렇습니다. 성경 책들의 통일성과 그 언어의 신적 특성은 순전히 역사적인 관점에서 볼 때는 파악할 수 없습니다. 역사는 복합성과 인간성이라는 요소로 엮여 있기 때문입니다. 여기에서 언뜻 보기에 수수께끼처럼 보이는 중세의 이행 대구對句 형식이 나옵니다. "문자는 사실들을 가르치고, 은유는 믿어야 할 바를 가르친다Littera gesta docet – quid credas allegoria……."[25] 다시 말해 그리스도론적이며 영적인 해석입니다.

이 모든 것을 더 단순하게 표현할 수 있습니다. 성경[26]은 해석을 필요로 합니다. 또한 성경이 형성되고 살아 낸 공동체를 필요로 합니다. 성경 안에는 통일성이 있습니다. 그래서 이를 하나로 묶어 주는 의미가 담겨 있지요. 이를 다른 식으로 표현하면 하느님 말씀과 인간의 말에 대한 의미적 차원이 존재한다고 말할 수 있겠습니다. 이는 역사를 창조하신 하느님 말씀 안에서 이루어진 친교 안에서 드러납니다. 이러한 의미적 차원이 다양하다는 인식이 커지면 하느님 말씀은 평가절하되지 않고, 위대하고도 품위 있게 부각됩니다.

이런 까닭에 《가톨릭 교회 교리서》는 그리스도교를 단지 '경전의 종교'가 아니라 하느님 '말씀'의 종교라고 합니다(108항 참조). 그리스도교는 인간의 말 안에서 하느님 말씀, '로고스' 자체를 인식합니다. 그리고 '로고스'는 인간 역사의 다양성과 실재성을 통해 그 신비를 확장시킵니다. 성경의 이 특별한 구조는 모든 세대를 위한 항상 새로운 도전입니다. 성경은 그 본질상 오늘날 근본주의라고 불리는 모든 것을 배제합니다.

사실 하느님 말씀은 그 자체로 단지 본문의 문자 안에만 존재하지 않습니다. 이에 도달하려면 문자를 뛰어넘는 이해의 과정이 필요합니다. 이렇게 될 때, 내적 감동의 인도를 받아 생명의 과정이 되기에 이릅니다. 항상 역동적인 통일성이 이루어질 때, 많은 책들libri이 '한 권'의 성경Libro을 형성합니다. 그리고 인간의 말과 역사 안에서 하느님 말씀과 역사 속 하느님의 활동이 계시됩니다.

성령, 문자, 자유

이 주제와 관련된 특징이 바오로 사도의 말에서 설명됩니다. 바오로 사도는 문자의 초월성과 성경 본문을 전체적으로 바라볼 때 가능한 문자적 이해가 무엇을 의미하는지 과감하게 표현합니다. "문자는 사람을 죽이고 성령은 사람을 살립니다."(2코린 3,6) 더 나아가 이렇게 말합니다. "주님의 영이 계신 곳에는 자유가 있습니다."(2코린 3,17) 성경 말씀에 관한 이 같은 위대하고 폭넓은 시각은 바오로 사도의 말을 귀담아 들어야 이해할 수 있습니다. 그래야 해방자 영께서 이름을 지니고 계시며, 자유가 내적 척도를 가지고 있음을 깨닫습니다. "주님은 영이십니다. 그리고 주님의 영이 계신 곳에는 자유가 있습니다."(2코린 3,17) 해방자 영은 해석자의 개인적 생각이나 관점을 의미하지 않습니다. 영은 그리스도이시고, 그리스도께서는 우리에게 길을 제시하시는 주님이십니다. 영과 자유에 관한 말로써 드넓은 지평선이 열리지만 동시에 독단arbitrio과 주관성soggettività이 명확히 제한됩니다. 그리고 개인과 공동체가 명백히 의무화되고 더 높은 차원의 유대감이 문자에 형성됩니다. 이러한 한계가 설정됩니다. 곧 이는 지성과 사랑의 유대 관계입니다.

이러한 유대와 자유 사이의 긴장 관계는 성경 해석의 문학적 문제를 넘어 수도 생활에 대한 사상과 활동을 결정하고, 서양 문화를 형성했습니다. 이 긴장 관계는 한편으로는 주관적인 독단arbitrio soggettivo과 다른 한편으로는 근본주의적 광신fanatismo fondamentalista이라는 양극단에 맞서 우리 세대에게 다시금 도전을 제시합니다. 만일 오늘날 유럽 문화에서 자유를 단지 유대가 완전히 결여된 것으로만 이해하여 광신과 독단이 조장된다면 이는 치명적인 일이 될 것입니다. 유대의 결핍과 독단은 자유가 아닌 자유의 파괴를 초래합니다.

기도하고 일하라

우리는 지금까지 베데딕토 성인이 수도 생활을 빗대어 말했던 '주님을 섬기는 학교'를 숙고하며 '기도ora'에 관해서만 관심을 집중했습니다. 바로 여기에서 출발할 때 수도 생활 전체의 방향이 결정됩니다.

수도 생활의 두 번째 구성 요소인 '노동labora'에 관해서도 살펴보겠습니다. 그리스 세계에서는 육체노동을 종들이 하는 일로 간주했습니다. 지혜롭고 자유로운 이들은 영적인 일에만 전념했기 때문입니다. 그래서 육체노동을 영의 세계에서 우월한 삶을 영위할 역량이 없는 이들에게 주어지는 열등한 일로 치부했습니다. 이는 유다 전통과는 완전히 달랐습니다. 위대한 랍비들도 노동 기술을 요하는 직업을 가졌습니다. 랍비였다가 훗날 이방인에게 복음을 선포하게 된 바오로 사도는 천막을 만드는 일이 생업이었습니다. 그는 자기 손으로 일하여 생계를 유지했습니다. 노동은 랍비주의 일반 전통 안에서도 예외를 두지 않고 자리를 잡았던 것입니다. 수도 생활은 이러한 전통을 받아들였습니다. 그만큼 육체노동은 그리스도교 수도 생활을 구성했던 요소입니다.

우리가 살펴본 것처럼 가르침과 배움이 실질적으로 수도원 안에 있었다 하더라도 베네딕토 성인은《수도 규칙서Regola》에서 정확하게 '학교'에 대해 말하지는 않습니다. 하지만 규칙서에서는 노동에 대해 명시적으로 이야기합니다(48장 참조). 아우구스티노 성인도 수도자들의 노동에 대해 다룬 책을 썼습니다. 오랫동안 유다교의 전통을 이어온 그리스도인들도 요한 복음서에 나오는 예수님의 말씀으로 인해 노동의 의무에 부르심받았다는 것을 깨달았습니다. 바로 예수님께서 안식일에 기적을 행한 것에 대해 변호하셨던 장면입니다. "내 아버지께서 여태 일하고 계시니 나도 일하는 것이다."(요한 5,17)

그리스-로마 세계는 창조주 하느님을 알지 못했습니다. 그들의 견해에 따르면 최고의 신은 물질의 창조로 손을 더럽힐 수 없었습니다. 세상을 '만드는 것'은 하위 신인 데미우르고demiurgo, 곧 제작자에게 맡겨진 일이었습니다. 이 신은 그리스도인의 하느님과는 아주 다른 존재입니다.

그리스도인의 하느님은 한 분이시고, 참되고 유일하신 하느님은 창조주이십니다. 하느님께서는 일하십니다. 인간의 역사 안에 존재하시며, 이에 관해 계속해서 일하고 계십니다. 그분께서는 그리스도 안에서 역사의 고된 노동과 함께하며 위격으로 들어오십니다. 요한 복음서 5장 17절의 말씀인 "내 아버지께서 여태 일하고 계시니 나도 일하는 것이다."를 다시 상기해 봅시다. 하느님께서는 세상을 창조하신 분이시고, 창조는 아직 끝나지 않았습니다. 그분께서는 여전히 일하고 계십니다. 이는 그리스어로 '에르가제타이ergázetai'라고 합니다. 이와 같이 인간의 노동은 하느님과 사람이 서로 닮았음을 나타내는 특별한 표현입니다. 인간은 이런 방식으로 역량을 갖추고 세상을 창조하시는 하느님의 활동에 참여할 수 있습니다.

    말씀의 문화와 함께 노동 문화 역시 수도 생활에 속하게 됩니다. 이러한 노동 문화가 없다면 유럽의 발전, 유럽의 정서ethos, 세상의 형성을 상상할 수 없습니다. 이 정서ethos는 인간의 노동과 역사의 결정이 창조주와 협력하려는 의지를 포함해야 하고, 하느님에게서 그 기준을 취해야 합니다. 이 기준이 결핍된 곳에 인간은 스스로를 신과 같은deiforme 창조주로 여기게 되고, 세상의 형성은 쉽게 멸망으로 바뀔 수 있습니다.

그리스도인의 하느님은 한 분이시고,
참되고 유일하신 하느님은 창조주이십니다.
하느님께서는 일하십니다. 인간의 역사 안에 존재하시며,
이에 관해 계속해서 일하고 계십니다.
그분께서는 그리스도 안에서 역사의 고된 노동과
함께하며 위격으로서 들어오십니다.

궁극적인 것을 추구하는 철학

우리는 고대의 질서와 확실성이 붕괴되는 과정에서 수도자들의 기본적인 자세가 바로 '퀘레레 데움quaerere Deum', 곧 하느님을 찾는 것이었음을 살펴보면서 이 글을 시작했습니다. 이런 자세야말로 진정으로 철학적인 자세라고 할 수 있습니다. 곧, '끝에서 두 번째 것' 너머를 바라보고 참되고 '궁극적인 것'을 찾는 것입니다. 수도자들은 길고도 드높은 길을 걷는 이들이기에 이미 삶의 방향을 찾은 이들입니다. 그들은 성경에 나오는 하느님의 말씀 안에서 그분의 말씀을 몸소 듣습니다. 이제 그들은 하느님께 나아가기 위해 그분을 이해하려고 노력합니다. 그리하여 그들은 측정할 수 없는 그 긴 여정에 머물면서도 이제 받아들인 하느님 말씀의 내면을 향하게 됩니다.

수도자들의 이러한 행동은 어떤 면에서 자기 자신 안에서 이미 발견하게 되는 것이기도 합니다. 하느님 말씀의 내면을 향하려면, 그것을 찾으려는 의지를 가져야 하고, 하느님 말씀 안에 생명이 숨어 있다는 것을 믿게 되어야 합니다. 이러한 의지를 불러일으키고 믿음을 가져오게끔 하는 첫 번째 움직임이 미리 전제될 필요가 있는 것입니다. 더 알아듣기 쉽게 말해서, 이 말씀 안에 계신 하느님께서 몸소 인간을 만나러 오시기에 인간은 하느님 말씀을 통해 그분께 도달할 수 있다는 것입니다.

달리 표현하자면, 삶이 변화될 수 있다는 확신을 심어 주면서 이를 향해 말씀이 선포되어야 한다는 것입니다. 하느님 말씀인 성경 말씀의 핵심을 향해 길이 열리도록, 바로 이 말씀이 먼저 외부를 향해 선포돼야 합니다. 베드로의 첫째 서간의 한 구절은 다른 이들에게 전달되어야 한다는 그리스도교 신앙의 필요성을 고전적으로 잘 표현하고 있습니다.

이는 중세 신학에서 신학 작업의 성서적 근거로 여겨졌던 구절이기도 합니다. "여러분이 지닌 희망에 관하여 누가 물어도 대답할 수 있도록 언제나 준비해 두십시오."(1베드 3,15) 여기에서 희망의 이유를 뜻하는 로고스 Logos는 아폴로지아apo-logia, 즉 대답할 수 있음이 되어야 합니다. 사실, 초기 교회의 그리스도인들은 말씀의 선포를 자기 세력을 늘리는 데 도움이 되는 선전으로 여기지 않고, 믿음의 본질에서 비롯된 내적 필요로 여겼습니다. 그들이 믿는 하느님은 모든 이의 하느님이시고, 이스라엘의 역사 안에서 그리고 종래에 당신 아드님 안에서 드러나신 유일하고 참된 하느님이시기 때문입니다.

모든 이의 하느님이라는 사실과 누구나 그분께 열릴 수 있다는 사실은 그들에게 말씀을 선포할 동기이자 의무가 되었습니다. 그들은 신앙을 사람마다 다른 문화적 관습에 속한 것으로 여기지 않고 모든 이에게 똑같이 적용되는 진리의 영역에 속한 것으로 여겼습니다.

하느님 존재를 깨닫는 인간

그리스도인의 선포는 '외부'를 향해야 합니다. 질문하며, 진리를 찾는 사람들을 향해야 합니다. 이러한 모습은 바오로 사도가 아레오파고스에서 행한 연설에서 찾을 수 있습니다. 당시 아레오파고스는 가장 유명한 지성들이 모여 숭고한 것에 대해 토론하는 일종의 아카데미가 아니라, 종교 문제에 대한 권한을 갖고 외국 종교의 유입을 반대해야 했던 법정이었음을 명심해야 합니다. 그래서 거기에 모인 이들은 바오로 사도를 반대하여 이렇게 비난하였습니다. "이방 신들을 선전하는 사람인 것 같군."(사도 17,18)

이에 대해 바오로 사도는 이렇게 대답합니다. "내가 돌아다니며 여러분의 예배소들을 살펴보다가, '알지 못하는 신에게'라고 새겨진 제단도 보았습니다. 여러분이 알지도 못하고 숭배하는 그 대상을 내가 여러분에게 선포하려고 합니다."(사도 17,23) 바오로 사도는 알지 못하는 신들을 선포한 것이 아닙니다. 그는 사람들이 알고는 있지만 깨우치지 못한 분, 곧 '알았지만 알지 못한 분'을 선포합니다. 사람들이 찾는 분, 궁극적으로 하느님에 대한 지식은 있으나 알지 못하고 인식할 수 없는 분을 선포한 것입니다. 인간의 사고와 감정의 가장 깊은 곳에서는 어떤 식으로든 하느님께서 존재하신다는 것을 알고 있습니다. 모든 것의 근원에는 반드시 비합리성이 아닌 창조적인 이성이 있어야 합니다. 맹목적인 경우가 아니라 자유에 맡기면서 말입니다. 하지만 바오로 사도가 로마 신자들에게 보낸 서간 1장 21절에서 강조하는 것처럼, 모든 이가 어떤 식으로든 이 사실을 알고 있음에도 이러한 앎은 비현실적으로 남아 있습니다. 생각만으로 지어낸 하느님은 하느님이 아닙니다. 하느님께서 자신을 드러내지 않으시면 우리는 여전히 그분께 다가갈 수 없습니다.

그리스도교 선포의 새로운 사실은 그분께서 이제 모든 민족에게 당신을 드러내셨다고 말할 수 있게 되었다는 것입니다. 그분께서는 자신을 보여 주시고, 인격적으로 드러내십니다. 이제 그분께로 가는 길이 열렸습니다. 그리스도교 선포의 새로운 점은 생각으로 이뤄지는 것이 아니라 사실에 근거했다는 것입니다. 이는 그분께서 당신 자신을 드러내셨음을 뜻합니다. 하지만 맹목적인 사실이 아니라 그분께서 바로 로고스Logos이심을 의미합니다. 로고스는 우리의 인간 육신을 취하신 영원한 이성의 존재입니다. "말씀이 사람이 되시어Verbum caro factum est."(요한 1,14) 이러한 사실 안에 이제 로고스Logos가 있습니다. 이 로고스는 우리 가운데 존재하십니다. 이 사실은 합리적입니다. 물론 이 사실을 받아들일 수 있으려면 이성의 겸손을 필요로 하고, 하느님의 겸손에 응답하는 인간의 겸손이 필요합니다.

오늘날 많은 이들이 진정으로 하느님을 알지는 못하지만 위대한 분으로 생각합니다. 아테네 사람들에게 진정한 하느님을 알고자 하는 열망이 숨겨져 있었던 것을 떠올려 봅시다. 이처럼 하느님의 부재도 그분에 관한 질문으로 암암리에 에워싸여 있습니다. '퀘레레 데움Quaerere Deum.' 오늘날 이 명제는 과거의 어느 때보다 더 절실히 필요합니다. 하느님에 관한 질문을 주관적 영역에서 비과학적이라며 간주하며 없애 버렸던 실증주의 문화는 이성의 굴복이었습니다. 이는 높은 가능성의 포기와 인본주의의 붕괴를 초래했습니다. 그 결과는 참으로 심각하였습니다. 유럽 문화의 기초가 된 것, 곧 하느님을 찾고 그분 말씀에 기꺼이 귀 기울이는 태도는 오늘날에도 모든 문화의 기초가 됩니다.

그리스도를 통하여 그리스도에게로

하느님의 선물이자 인간의 응답인 사제직

어느 사회에서든 특정 기능을 완수하기 위해 필요한 직업이 있습니다. 하지만 사제는 단순히 '직업'을 가진 사람들이 아닙니다. 사제는 인간이 혼자 힘으로 할 수 없는 일을 합니다. 그리스도의 이름으로 인간의 죄를 용서하는 사죄경을 주고, 이로써 하느님께서 주도하시는 대로 삶을 바꿉니다. 사제는 빵과 포도주의 봉헌 예물 위에 그리스도의 감사 기도를 바칩니다. 이 감사 기도는 부활하신 그리스도, 당신의 몸과 피, 그분을 현존하시게 하는 실체 변화의 말씀으로 세상의 요소들을 변화시킵니다. 이 말씀은 세상을 하느님께 열리게 하고, 그분과 세상을 결합시킵니다. 그러므로 사제직은 단순한 '공무ufficio'가 아닌 성사입니다. 하느님께서는 보잘것없는 인간을 사용하시어 모든 이를 위해 현존하시고 활동하십니다. 하느님의 대담하심은 인간에게 당신 자신을 맡기시는 것에서 드러납니다. 하느님께서는 인간의 나약함을 아심에도 우리가 당신을 대신하여 활동하고 존재할 역량이 있다고 여기십니다. 하느님의 이러한 대담한 용단은 '사제직'이라는 말에 감춰진 참다운 위대함을 드러냅니다. 하느님께서는 우리가 이 사제직을 수행할 수 있다고 보시기에 당신을 섬기도록 인간을 부르시어 내밀한 결속을 맺으십니다.

이것이 제가 사제의 해에 다시금 묵상하고 깨닫고자 했던 내용입니다. 우리는 하느님께서 이토록 가까이 계신다는 기쁨을 일깨우고, 나약한 우리에게 당신 자신을 맡겨 주시고, 날마다 우리를 이끄시고 도와주심에 대해 감사하는 마음을 되살리고자 했습니다. 그리하여 젊은이들에게 사제 성소, 하느님을 위하고 하느님과 함께하는 이 친교의 봉사가 존재한다는 것을 다시금 보여 주고자 했습니다. 더 나아가 하느님께서 우리의 '예.'라는 응답을 기다리고 계시다는 사실과, 온 교회와 함께 하느님께 이 성소를 간청해야 한다는 사실을 다시 한번 일깨워 주고자 합니다. 우리는 하느님의 추수 밭에서 일할 일꾼을 간청해야 합니다. 우리가 드리는 이 청원은 그분께서 맡기신 일을 수행하고자 하는 젊은이들의 마음을 하느님께서 몸소 두드리시는 것입니다.

사제직의 이 새로운 광채가 '원수'에게는 달갑지 않을 것입니다. 원수는 그 광채가 사라져 하느님께서 이 세상 밖으로 물러나시기를 바라기 때문입니다. 사제직의 성사를 기념하는 이 기쁜 해에 사제들이 저지른 미성년자 성추행 파문이 불거지게 되었습니다. 이러한 범죄 행위로써 인간을 돌보시는 하느님의 뜻을 드러내야 하는 사제직무의 참된 의미를 거스르게 되었습니다. 저는 다시 한번 피해자들에게 용서를 구합니다. 이로 인한 피해가 더 이상 발생하지 않도록 최선을 다할 것임을 약속합니다. 또한 이러한 상황에서 성소자들을 사제 직무로 받아들이고, 사제직 양성 과정에서 성소의 진정성을 식별할 수 있도록 노력하겠습니다. 사제들과 더욱더 동행하여 주님께서 삶의 온갖 어려움과 위험에서 그들을 보호하고 지켜 주시도록 기도하겠습니다.

사제의 해가 사제 개인의 인간적 성과를 칭송하기 위한 것이었다면, 이러한 사건들로 엉망이 되어 버렸을 것입니다. 하지만 오히려 사제의 해 동안 불거진 사건들로 인하여 하느님께서 주신 선물에 감사를 드리게 되었습니다. '질그릇' 안에 감추어진 하느님의 선물은 인간의 나약함을 통해 그분의 사랑을 이 세상에 항상 새롭게 실현시키기 때문입니다. 이와 같이 우리가 맞닥뜨린 모든 사건을 정화의 과제, 앞으로도 안고 가야 할 과제로 여겨야 합니다. 뿐만 아니라 하느님의 위대한 선물을 깨닫고, 그분을 사랑하도록 해 준다고 여겨야 합니다. 이런 식으로 하느님께서 주신 선물은 그분의 용기와 겸손에 응답해야 하는 책임감을 부여합니다.

"나는 마음이 온유하고 겸손하니 내 멍에를 메고 나에게 배워라."(마태 11,29) 그리스도의 이 말씀은 사제가 되는 일과, 사제로서 존재하는 것이 무엇을 의미하는지 알려 줍니다.

우리를 돌보시는 하느님

우리는 지극히 거룩하신 예수 성심 대축일 전례에서 예수님께서 돌아가실 때 로마 병사의 창에 찔려 열린 그분의 심장을 바라봅니다. 예수님의 심장이 인간인 우리를 위해 앞에 열렸고, 이로써 하느님의 심장이 열린 것입니다. 이날 전례는 무엇보다도 인류의 목자이신 하느님에 대해 말씀하시는 예수님의 심장에서 우러나오는 언어를 해석해 줍니다. 또한 이런 식으로 예수님의 마음 깊은 곳에 뿌리내린 그분의 사제직을 드러냅니다. 이와 같이 모든 사제 직무의 영원한 토대이자 올바른 기준까지 제시합니다. 곧 모든 사제 직무는 언제나 예수 성심 안에 뿌리를 내리고 거기에서 시작하여 살아야 한다는 것입니다.

저는 이 전례 독서에서 봉독되는 하느님 말씀에 응답하는 화답송에 관하여 묵상해 보고자 합니다. 이 찬가 안에는 말씀과 응답이 스며 있고, 하느님 말씀에서 발췌한 것이나 다른 한편으로는 그분 말씀에 이미 대답한 인간의 응답이기도 합니다. 이러한 응답 안에서 하느님 말씀 자체가 우리 삶 안으로 들어옵니다. 이날 전례에서 가장 중요한 부분은 "주님은 나의 목자"로 시작하는 시편 23편입니다. 이 시편에서 기도하는 이스라엘은 하느님께서 당신 자신을 목자로 계시하심을 받아들이고 삶을 위한 이정표로 삼았습니다. "주님은 나의 목자, 아쉬울 것 없어라."(시편 23,1) 이 첫 구절은 하느님께서 우리와 함께 하시고 보살펴 주신다는 사실에 대한 기쁨과 감사를 표현합니다. 에제키엘서에서 발췌한 제1독서도 동일한 주제로 시작됩니다. "나 이제 내 양 떼를 찾아서 보살펴 주겠다."(에제 34,11)

하느님께서는 저를 비롯한 모든 사제와 온 인류를 몸소 보살펴 주십니다. 갈수록 혼란스러워지는 이 세상에서 길을 잃었을 때에도 저를 혼자 버려 두지 않으셨습니다. 그리고 그분께서는 제 삶을 무가치하게 여길 정도로 멀리 계시지 않습니다. 우리가 아는 한, 이 세상에 존재하는 종교는 결국 유일한 신이 존재한다는 사실만을 인식하였습니다. 하지만 이 같은 신은 멀리 떨어진 존재였습니다. 겉보기에 그 신은 세상을 다른 권력과 세력들, 다른 우상들에게 떠넘겨 버린 것으로 보였습니다. 인간은 이러한 사실을 받아들여야 했습니다. 이러한 유일신은 선하지만 너무나 먼 존재입니다. 그러기에 위험하지는 않으나 많은 도움을 주는 존재도 아니었습니다. 따라서 그 신은 누군가를 지배하지 않았고, 아무도 이에 대하여 고민할 필요가 없었습니다.

이상하게도 계몽주의 시대에 이러한 사상이 다시 등장했습니다. 이 세상은 여전히 창조주를 전제로 한다는 인식이 있었습니다. 하지만 이 신은 세상을 만든 다음에 분명히 물러났습니다. 그래서 이 세상은 자신만의 법칙을 만들었고 이에 따라 발전해 나갔습니다. 이 법칙에 따르면 신은 이에 개입하지도 않았고, 개입할 수도 없었습니다. 신은 단지 동떨어진 기원에 불과했으니 말입니다. 그래서 어떤 이들은 하느님께서 간섭하시는 것을 달가워하지 않았기에 그분께서 인간을 보살펴 주시길 바라지 않았을 수도 있습니다. 하지만 하느님의 사랑과 보살핌을 간섭으로 여겼던 인간은 바로 여기서 무너졌습니다. 누군가 나를 사랑하고 보살펴 주고 있다는 사실을 아는 것은 좋은 일입니다. 이를 통해 위안을 받기 때문입니다. 그런데 나를 아시고, 사랑하시며, 관심을 기울여 주시는 하느님께서 계시다는 사실은 훨씬 더 중요합니다. 교회는 오늘 전례의 복음 환호송을 이렇게 바칩니다. "나는 내 양들을 알고 내 양들은 나를 안다."(요한 10,14) 하느님께서는 우리를 아시고 보살펴 주십니다. 이런 생각은 우리에게 정말 큰 기쁨을 줄 수밖에 없습니다. 이 생각이 우리 내면 깊숙이 스며들도록 합시다. 그리하여 이러한 역사의 순간에 우리가 사제로서 인간을 향한 하느님의 배려에 동참한다는 것이 무엇을 의미하는지 깨달아야 합니다.

우리는 사제로서, 사람들에 대한 하느님의 배려와 친교를 이루어야 합니다. 또한 다른 이들을 돌보고, 사람들이 하느님의 돌보심을 구체적으로 체험할 수 있게 도와야 합니다. 사제는 자신에게 맡겨진 상황과 관련해서 주님과 함께 "나는 내 양들을 알고 내 양들은 나를 안다."(요한 10,14)라고 말할 수 있어야 합니다. 성경에서 '안다conoscere'라는 표현의 의미는 누군가의 전화번호를 아는 것 같은 단순한 피상적인 지식을 말하는 게 아닙니다. '안다'라는 것은 다른 이의 내면으로 다가가 그를 사랑함을 의미합니다. 우리는 하느님의 입장에서 그리고 그분을 위하여 인간을 '알고자' 노력해야 합니다. 또한 그들과 함께 하느님과 우정을 맺는 길을 걷도록 노력해야 합니다.

삶의 어두운 순간에도 함께하시는 하느님

"바른길로 나를 끌어 주시니 당신의 이름 때문이어라. 제가 비록 어둠의 골짜기를 간다 하여도 재앙을 두려워하지 않으리니 당신께서 저와 함께 계시기 때문입니다. 당신의 막대와 지팡이가 저에게 위안을 줍니다."(시편 23,3-4) 목자는 자신에게 맡겨진 이들에게 바른길을 알려 줍니다. 그리고 앞장서서 그들을 이끕니다. 달리 표현하면 주님께서는 인간이 나아가야 할 바른길을 보여 주시며, 우리가 인간답게 사는 기술을 가르쳐 주십니다.

우리가 어둠에 빠지지 않고, 내 삶을 무의미하게 허비하지 않으려면 어떻게 해야 할까요? 이는 모두가 던져야 하는 질문이자, 삶의 모든 위험한 순간에 맞닥뜨렸을 때 유효한 질문입니다. 지금 현 시대에 이러한 질문을 던졌을 때, 우리는 짙은 어둠에 둘러싸였음을 알게 됩니다. 그리고 마치 목자 없는 양떼 같은 군중에게 연민을 느끼신 예수님의 말씀을 끊임없이 상기합니다.

복음을 보면 예수님께서 바로 '길'이시라는 사실을 분명히 알 수 있습니다(루카 15,3-7 참조). 그리스도와 함께 살고, 그분을 따른다는 것은 바른길을 찾는다는 의미입니다. 그리하여 우리 삶은 의미 있게 되고, "그렇습니다. 제 인생은 아름다웠습니다." 하고 말할 수 있을 것입니다. 이스라엘 민족은 하느님께서 계명으로 생명의 길을 제시해 주셨기에 끊임없이 그분께 감사를 드렸고, 지금도 감사를 드리고 있습니다.

위대한 시편 119편은 우리가 어둠 속에서 헤매지 않게 된 기쁨에 대한 유일한 표현입니다. 하느님께서는 우리에게 걸어야 할 길이 어떤 길인지, 그 길을 어떻게 올바로 걸어야 할지 보여 주십니다. 계명이 우리에게 말하는 바가 예수님의 삶 안에 집약되어 모범이 되었습니다. 그리하여 우리는 하느님께서 주신 이 규범들을 멍에가 아닌 우리에게 친히 알려 주시는 길임을 깨닫습니다. 또한 계명을 기꺼이 받아들이고 이 계명들이 그리스도를 통하여 실천된 실재로서 제시되었음을 기뻐할 수 있습니다. 그분께서는 인간에게 몸소 기쁨을 주셨습니다.

우리는 사제로서 그리스도와 함께 걸으며 계시의 기쁨을 경험하고, 삶의 바른길을 알게 됨으로써 얻은 기쁨을 다른 이들에게도 전달해야 합니다. 시편 119편에는 주님께서 인간을 이끌어 주시는 "어둠의 골짜기"와 관련된 표현이 나옵니다. 우리가 걸어가는 길이 어느 날 갑자기 길동무 한 명 없는 죽음의 그림자가 드리운 골짜기로 들어서게 될 수 있습니다. 그렇지만 하느님께서 그곳에 계실 것입니다. 그리스도께서는 몸소 칠흑 같은 죽음의 밤으로 내려가셨기에 우리를 저버리지 않으시며 이끄십니다. 시편 139편은 다음과 같이 노래합니다. "저승에 잠자리를 펴도 거기에 또한 계십니다."(시편 139,8)

죽음의 고통 속에서도 하느님께서 계시기에 화답 시편은 이렇게 노래합니다. "제가 비록 어둠의 골짜기를 간다 하여도 재앙을 두려워하지 않으리니 당신께서 저와 함께 계시기 때문입니다."(시편 23,4) 우리는 모든 인간이 거쳐 가야 하는 유혹, 좌절, 시련의 어두운 골짜기도 생각해 볼 수 있습니다. 주님께서는 이러한 삶의 어두운 골짜기에도 계십니다. 그분께서 유혹의 어둠 속에서, 모든 빛이 사라지는 듯이 보이는 해질녘에도 계심을 보여 주시길 청합시다. 또한 사제들이 이 어두운 밤에도 각자에게 맡겨진 이들 곁에 머물 수 있도록 도와주시고, 당신 빛을 보여 주시길 함께 청합니다.

"당신의 막대와 지팡이가 저에게 위안을 줍니다."(시편 23,4) 목자는 양떼를 덮치려고 도사리고 있는 맹수와 약탈물을 노리는 도적 떼를 상대해야 합니다. 그러므로 양떼를 보호해 주는 막대가 필요합니다. 막대 옆에는 힘든 길을 거쳐 갈 때 버팀목이 되고 도움을 주는 지팡이가 있습

그분께서는 인간에게 몸소 기쁨을 주셨습니다.
우리는 사제로서 그리스도와 함께 걸으며
계시의 기쁨을 경험하고,
삶의 바른길을 알게 됨으로써 얻은 기쁨을
다른 이들에게도 전달해야 합니다.

니다. 막대와 지팡이는 교회와 사제 직무에도 중요합니다. 교회 역시 목자의 막대를 사용하기 때문입니다. 교회는 막대를 가지고 신앙을 기만하는 이들이나, 교회를 무질서로 이끄는 여러 풍조에서 신앙을 지킵니다. 이러한 막대를 사용하는 것은 참으로 사랑의 봉사가 될 수 있습니다.

오늘날 우리는 사제 생활에 합당하지 못한 행위를 관용하는 것이 전혀 사랑이 아님을 알 수 있습니다. 또한 마치 신앙을 우리가 독자적으로 만들어 내기나 한 듯이, 이단의 전파를 허용하여 신앙을 왜곡하고 훼손하는 것도 결코 사랑이 아닙니다. 신앙이란 더 이상 하느님의 선물이 아닌 양 길바닥에 함부로 던져 버릴 수 없는 소중한 보화입니다. 하지만 동시에 막대는 언제나 목자의 지팡이여야 합니다. 사람들이 힘든 오솔길을 헤치고 걸어갈 때 주님을 따를 수 있도록 도와주는 그런 지팡이 말입니다.

생명의 샘인 사제

화답송 시편의 마지막 부분에는 주님께서 상을 차려

주시고, 머리에 향유를 발라 주시며, 술잔이 가득 넘치고, 주님의 집에 산다는 이야기가 나옵니다. 시편의 이 표현은 무엇보다도 성전 안에서 하느님과 함께 머물며, 주님께 손님으로 초대를 받고 그분의 대접을 직접 받는 잔치의 기쁨을 그리고 있습니다. 그리스도와 그리스도의 몸인 교회와 함께 이 시편을 기도하는 우리에게 이러한 희망은 더욱 넓고 깊은 전망을 지닙니다. 이러한 표현에서 알 수 있는 것이 있습니다. 바로 하느님께서 친히 우리를 손님으로 초대하신다는 사실입니다. 이는 당신 자신을 인간의 허기와 갈증을 채워 주는 빵과 좋은 포도주로 내어 주시는 성찬의 신비에 대한 예언자적 예표이기도 합니다. 우리가 언젠가 하느님 식탁에 손님이 되어 그분 곁에 살 수 있다는 사실과, "너희는 나를 기억하여 이를 행하여라."(루카 22,19) 하신 주님의 당부에 어찌 기뻐하지 않을 수 있겠습니까?

주님께서는 인간을 위하여 하느님의 상을 차리고 당신 몸과 피를 나누어 주십니다. 그리하여 당신 현존의 소중한 선물을 베풀 수 있게 해 주셨기에 기뻐하며, 다 함께 한마음으로 시편의 표현을 기도로 바칠 수 있습니다. "저의 한평생 모든 날에 호의와 자애만이 저를 따르리니……."(시편 23,6)

끝으로 이날 전례의 영성체송 두 개를 간략히 살펴봅시다. 첫 번째 영성체송은 요한 복음사가가 전한 예수님께서 십자가에 못 박히시는 이야기의 끝부분에 나오는 대목입니다. "군사 하나가 창으로 그분의 옆구리를 찔렀다. 그러자 곧 피와 물이 흘러나왔다."(요한 19,34) 예수님의 심장이 창에 찔리자 심장이 열려 물과 피가 흘러나오는 샘이 되었습니다. 이 물과 피는 교회의 생명인 두 가지 기본 성사인 세례성사와 성체성사를 나타냅니다. 주님의 찔린 옆구리에서, 그분의 열린 성심에서 수 세기 동안 물과 피가 계속 흘러나왔습니다. 이는 교회를 이루는 살아 있는 샘이 되어 솟구칩니다. 열린 성심은 새로운 생명의 강의 원천입니다.

이러한 맥락에서 요한 복음사가는 분명히 에제키엘의 예언도 염두에 두었을 것입니다. 에제키엘은 새 성전에서 풍성한 과일과 생명을 선사하는 물이 솟아 흐르는 것을 보았습니다(에제 47장 참조). 바로 예수님께서는 새 성전이시고, 그분의 열린 성심은 세례성사와 성체성사로써 우리에게 전달되는 새로운 생명의 강물이 흐르는 원천입니다. 지극히 거룩하신 예수 성심 대축일 전례는 이와 유사한 구절을 요한 복음서에서 발췌하여 영성체송으로 사용하고 있습니다. "목마른 사람은 다 나에게 와서 마셔라. 나를 믿는 사람은 성경 말씀대로 '그 속에서부터 생수의 강들이 흘러나올 것이다.'"(요한 7,37-38)

우리는 믿음으로 이른바 하느님 말씀의 생명수를 마십니다. 그리하여 믿는 이는 직접 역사의 메마른 땅에 생명수를 주는 샘이 됩니다. 우리는 이 모습을 성인들 안에서 봅니다. 그들은 오랜 세월에 걸쳐 신앙, 사랑, 생명의 샘이 되었습니다. 또한 신앙과 사랑을 드러내는 위대한 여인인 성모 마리아 안에서 봅니다. 모든 그리스도인과 사제는 그리스도에게서 출발하여 다른 이들에게 생명을 주는 샘이 되어야 하고, 목마른 세상에 생명을 선사해야 합니다.

주님, 저희를 위하여 당신 성심을 여셨음에 감사하나이다. 당신 죽음과 부활을 통해 생명의 원천이 되셨으니 감사하나이다. 저희를 당신의 샘에서 생명을 길어 살아가는, 살아 있는 사람이 되게 하시고, 저희도 우리 시대에 생명수를 줄 수 있는 원천이 될 수 있는 역량을 주소서. 사제 직무의 은총에 당신께 감사드리나이다. 주님, 저희를 축복하시고 당신을 목말라 하며 끊임없이 찾고 있는 이 시대의 모든 이를 축복하소서.

제4장

세상을 향해 응답하다

쇼아, 모든 증오에 맞서라는 교훈

아우슈비츠에서, 독일의 아들로서

아우슈비츠 수용소는 역사상 유례없이 하느님과 인간을 거슬러 행한 범죄로 얼룩진 공포의 장소입니다. 저는 독일 출신으로서, 또 그리스도인으로서 이 자리에 섰습니다. 그러나 결국 무서운 침묵만이 자리하고 있음을 느낍니다. 이는 그 자체로 하느님께 진정으로 부르짖는 침묵입니다. 저는 이곳에서 고통을 겪고 죽임을 당한 많은 이들을 기억하고, 마음속 깊이 머리를 조아리며 경의를 표합니다. 이러한 침묵은 큰 목소리로 용서와 화해를 요구하는 요청이 되고, 더 이상 이런 일이 일어나지 않기를 바라며 살아 계신 하느님께 부르짖는 외침이 됩니다.

27년 전인 1979년 6월 7일, 요한 바오로 2세 성인 교황님이 이곳을 방문하였습니다. 교황님은 이렇게 말하였습니다. "저는 오늘 여기에 순례자로 왔습니다. 사실 이전에 여러 차례 이곳을 자주 다녀갔습니다. 막시밀리안 콜베 성인의 무덤으로 내려가 죽음의 벽 앞에서 멈춰 기도를 바쳤고, 비르케나우 화장터 가마 사이를 지나갔습니다. 저는 교황으로서 이곳에 오지 않을 수 없었습니다."

요한 바오로 2세 성인 교황님은 이곳에서 희생된 이들과 같이 가장 큰 고통을 겪어야 했던 폴란드 민족의 아들로서 이 자리에 선 것입니다. 그리고 그 당시를 떠올리며 이렇게 말했습니다. "제2차 세계 대전 중에 목숨을 잃은 폴란드인은 자그마치 600만 명입니다. 이는 폴란드 국민 5분의 일에 해당합니다." 그리고 인간과 국가의 권리를 존중하라고 엄숙히 경고했습니다. 이는 전임자였던 요한 23세 성인 교황님과 바오로 6세 성인 교황님 역시도 세상을 향해 경고했던 내용입니다. 그리고 이어서 이런 이야기를 전합니다.

"이런 말씀을 드려야 하겠습니다……. 폴란드 민족은 과거에도 그랬듯 최근에도 다른 국가로부터 고통을 겪었습니다. 저는 폴란드 민족의 아들입니다. 그런데 이는 비난하기 위해서가 아니라 기억하기 위해서 말씀드리는 겁니다. 민족의 권리가 유린되고 망각되고 있다고 모든 국가를 대신하여 말씀드립니다."

요한 바오로 2세 성인 교황님이 폴란드 국민의 아들로서 이곳에 왔던 것처럼, 저 역시 독일 국민의 아들로 서 있습니다. 이는 이곳에서 고통을 겪은 이들의 권리와 진리 앞에서 이행해야 할 의무입니다. 또한 하느님 앞에서 이행해야 할 의무이기도 합니다. 나치는 독일 국민에게 거짓 약속을 하며 권력을 얻었습니다. 그리고 민족의 명예를 회복하고 국가적 위신을 드높이며 위대한 전망을 실현한다는 명목으로 공포와 협박을 일삼았지요. 그들은 행복한 삶을 누리도록 해 주겠다고 속단하며 독일 국민을 파괴와 지배를 위한 도구로 이용하였습니다.

저는 1979년 6월 7일 뮌헨-프라이징의 대주교로서 교황님을 수행하며 그분의 말씀을 경청하고, 함께 기도를 바쳤던 주교단과 아우슈비츠 수용소를 방문하였습니다. 1980년에는 독일 주교 대표단과도 왔습니다. 저는 나치가 과거에 저질렀던 만행으로 충격에 휩싸였지만 이 어둠 위로 화해의 별이 떠오른 것에 대한 감사로 북받쳤습니다. 무엇보다 하느님께 화해의 은총을 청하고 싶습니다. 하느님께서는 우리 마음을 열고 정화시킬 수 있는 유일한 분이십니다. 그러기에 이곳에서 고통을 겪은 이들에게 화해의 은총을 청합니다. 그리고 마지막으로 역사의 이 시점에 다시금 증오의 힘 아래, 그리고 증오로 촉발된 폭력 아래 고통받는 모든 이들을 위해 화해의 은총을 청합니다.

하느님의 침묵 앞에 제기된 물음

이곳에 올 때마다 늘 이런 질문이 떠오릅니다. '그때 하느님은 어디에 계셨는가? 왜 그분은 침묵하셨을까? 어떻게 그분은 이 과도한 파괴와 악의 승리를 참으실 수 있었을까?' 고통받는 이스라엘의 탄식을 표현한 시편 44편의 구절이 뇌리를 스칩니다.

"그런데도 당신께서는 저희를 부수시어 승냥이들이나 사는 곳으로 만드시고 저희 위를 암흑으로 덮으셨습니다. 그러나 저희는 온종일 당신 때문에 살해되며 도살될 양처럼 여겨집니다. 깨어나소서, 주님, 어찌하여 주무십니까? 잠을 깨소서, 저희를 영영 버리지 마소서! 어찌하여 당신 얼굴을 감추십니까? 어찌하여 저희의 가련함과 핍박을 잊으십니까? 정녕 저희 영혼은 먼지 속에 쓰러져 있으며 저희 배는 땅바닥에 붙어 있습니다. 저희를 도우러 일어나소서. 당신 자애를 생각하시어 저희를 구원하소서."(시편 44,20.23-27)

이는 이스라엘이 극심한 고통을 겪던 때에 하느님께 울부짖었던 고뇌에 찬 외침입니다. 이러한 외침은 동시에 역사를 통틀어 하느님에 대한 사랑, 진리와 선에 대한 사랑으로 고통을 겪는 모든 이들이 어제도, 오늘도, 내일도 부르짖는 도움의 외침입니다. 오늘날에도 이처럼 고통받는 이가 많습니다.

　우리는 하느님의 비밀을 헤아릴 수 없습니다. 단지 그 비밀의 편린만 볼 뿐입니다. 혹시 하느님께서 역사의 심판관이 되길 원한다면 이는 큰 잘못을 저지르는 일입니다. 그런 행위는 인간을 보호하지 못하고, 단지 인간의 파멸만 가져올 따름입니다. 우리는 반드시 겸손한 자세로 하느님께 끈질기게 외쳐야 합니다. "깨어나소서! 당신의 창조물, 인간을 잊지 마소서!" 하느님을 향한 외침은 동시에 우리 마음을 꿰뚫는 외침이 되어야 하고, 그분의 숨겨진 현존이 우리 안에서 깨어나야 합니다. 그분께서는 인간의 마음속에 당신 권능을 두셨습니다. 이것이 이기심, 두려움, 무관심, 기회주의의 진흙탕으로 뒤덮이거나 질식되지 말아야 합니다. 새로운 불행이 다가오고 있는 바로 지금, 인간의 마음 안에 모든 어둠의 세력이 다시 떠오르고 있습니다. 무고한 이들에 대한 맹목적인 폭력을 정당화하기 위해 하느님의 이름을 남용하고 있으며, 다른 한편으로는 하느님을 알지 못하고 그분에 대한 믿음을 비웃는 냉소주의가 만연합니다.

우리는 반드시 겸손한 자세로
하느님께 끈질기게 외쳐야 합니다.
"깨어나소서! 당신의 창조물, 인간을 잊지 마소서!"
하느님을 향한 외침은 동시에 우리 마음을 꿰뚫는
외침이 되어야 하고, 그분의 숨겨진 현존이
우리 안에서 깨어나야 합니다.

이 시점에서 하느님께 외치며 우리의 마음도 살펴봅시다. 또한 폭력은 결코 평화를 가져오지 못하고 오히려 다른 폭력만 조장한다는 사실을 깨닫고 회개로 이끌어 주시길 하느님께 부르짖읍시다. 폭력은 결국 모든 것을 잃고 마는 파멸의 악순환이기 때문입니다.

우리가 믿는 하느님은 이성의 하느님이십니다. 이성을 가진 하느님은 우주 물리학으로 증명되지 않습니다. 그분께서는 다만 사랑으로 하나 되시고, 선 자체이신 분입니다. 화해와 평화의 힘을 깨닫는 사랑의 이성이 하느님과 동떨어진 불합리함이나 거짓된 이성으로 위협을 일삼는 세력을 쳐부수도록 기도합시다.

어두운 밤의 불빛처럼 존재하는 이들

과거는 결코 과거로 끝나지 않습니다. 과거는 나 자신을 되돌아보고 가야 할 길과 가지 말아야 할 길을 제시합니다. 아우슈비츠 수용소에는 이곳의 희생자들을 기리고자 여러 언어로 새겨진 묘비가 있습니다. 저는 요한 바오로 2세 성인 교황님이 그랬듯이 이 묘비를 따라 걸었습니다. 이 추모 묘비는 인간의 고통에 대해 이야기하며, 인간을 하느님의 모상이 찬란히 빛나는 모습으로 인정하지 않고 물질로 취급했던 권력의 냉소주의를 통찰하도록 합니다.

이곳에 있는 몇몇 묘비는 특별한 추모를 하도록 이끕니다. 히브리어로 쓴 묘비명이 그렇습니다. 제3제국[27]의 권력자들은 유다 민족을 완전히 무너뜨리고, 아예 지구상에서 제거해 버리고자 했습니다. "저희는 온종일 당신 때문에 살해되며 도살될 양처럼 여겨집니다."(시편 44,23)라는 시편 말씀이 전율할 정도로 이를 입증합니다. 결국 나치는 유다 민족을 말살함으로써 아브라함을 부르신 하느님, 시나이산에서 모세를 통해 인류가 나아가야 할 영원히 유효할 지표를 세우신 하느님을 죽이고자 했던 것입니다. 그들은 유다 민족이 단지 그 존재 자체만으로 사람에게 말씀하시고 보살피시는 하느님을 증명한다면 그런 하느님은 종래에 돌아가셔야만 했다고 생각했습니다. 그래서 세상의 지배권이 오직 인간에게 귀속돼야 한다고 여기며, 자신들을 세상을 지배하는 권력자로 여겼습니다. 나치는 이스라엘을 멸망하게 함으로써, '쇼아(홀로코스트)'를 통해 그리스도 신앙의 뿌리마저 뽑아 버리고자 했습니다. 그리고 유다 민족의 신앙을 자신이 만들어 낸 인간과 힘이 지배하는 신앙으로 완전히 대체하고자 했습니다.

이곳에는 폴란드어로 새겨진 비문도 있습니다. 나치는 무엇보다 먼저 첫 단계로 폴란드의 엘리트 문화를 제거하려 했습니다. 그 결과로 폴란드 문화를 굴복시켜 노예 민족으로 존재하도록 하고자 했습니다. 그래서 자율적인 역사적 주체로서의 민중을 말살시키려 했습니다. 깊은 성찰로 이끄는 또 다른 묘비명은 신티인과 롬족Sinti und Roma[28)]의 언어로 쓰인 비문입니다. 나치는 다른 민족 안에서 이주하며 살아가는 민족 전체를 말살시키려 했습니다. 단지 유익한 것만 중시하는 이데올로기의 관점에서 볼 때, 신티인과 롬족은 세계 역사에서 쓸모없는 존재로 여겨졌습니다. 더구나 나치의 개념에 따르면 '존재 가치가 없는 삶lebensunwertes Leben'으로 분류됐습니다. 러시아어로 쓴 묘비명은 국가 사회주의의 공포 정권과의 충돌에서 희생된 수많은 러시아 군인을 떠올리게 합니다. 하지만 동시에 그들의 사명이 지닌 이중적인 의미로서의 비극을 되새기게 합니다. 그들은 독재로부터 민중을 해방시켰지만, 다시금 스탈린의 이데올로기와 공산주의 이데올로기라는 새로운 독재에 굴복시켰습니다.

유럽의 여러 언어로 된 다른 묘비명도 유럽 대륙 각지에서 온 사람들의 고통에 대해 말해 줍니다. 이곳의 희생자들을 떠올릴 때, 공포의 어둠 속에서 이곳에 묻혔던 각 개개인을 떠올리며 바라본다면 깊은 감동을 느끼게 될 것입니다.

특히 저는 독일어로 쓰여진 묘비 앞에서 제 자신을 성찰해야 할 의무를 느꼈습니다. 저는 에디트 슈타인Edith Stein, 즉 십자가의 데레사 베네딕타 성녀를 떠올렸습니다. 성녀는 아우슈비츠 수용소에 언니 로제와 수감되어 그리스도인이자 독일인, 그리고 유다인으로서 동족과 함께 죽음을 맞으리라는 사실을 받아들였습니다. 아우슈비츠로 끌려와 이곳에서 죽음을 맞았던 독일인은 '국가의 쓰레기'로 취급받고 동족들로부터 거부당했습니다. 하지만 이제 우리는 감사하는 마음으로 이들을 진리와 선의 증거자로 인정합니다. 그 덕분에 독일 국민의 마음 안에 진리와 선이 사라지지 않았습니다. 이들은 악의 권세에 굴복하지 않았고, 이제는 우리 앞에 어두운 밤을 비추는 불빛이 되었습니다. 다니엘서 3장 17절에는 바빌론의 불가마 속으로 던져질 위험에 처한 세 청년이 나옵니다. 그들은 이렇게 말합니다. "저희가 섬기는 하느님께서 저희를 구해 내실 수 있다면, 그분께서는 타오르는 불가마와 임금님의 손에서 저희를 구해 내실 것입니다. 임금님, 그렇게 되지 않더라도, 저희는 임금님의 신들을 섬기지도 않고, 임금님께서 세우신 금 상에 절하지도 않을 터이니 그리 아시기 바랍니다."(다니 3,17-18) 우리는 이 세 청년처럼 모든 위험에 담대하게 맞선 모든 이에게 깊은 존경과 감사의 마음을 표하며 고개를 숙입니다.

선하신 하느님께로 나아가려는 시도

이곳의 묘비에는 수많은 인간의 운명이 감춰져 있습니다. 이들은 우리의 기억을 뒤흔들고, 마음을 흔들어 놓습니다. 그들은 우리 안에 증오를 일으키길 원치 않고, 오히려 증오의 활약이 얼마나 무시무시한지 보여 줍니다. 또한 악을 악으로 알아보고 그 악을 거부할 논거를 제시합니다. 그리고 우리 내면에 선에 대한 용기, 악에 저항하는 용기를 불러일으키지요. 이런 사실은 소포클레스의 《안티고네》의 한 문장을 떠올리게 합니다. 안티고네는 자신을 둘러싼 공포에 직면하여 이렇게 표현합니다. "나는 서로 미워하기 위해서가 아니라, 서로 사랑하기 위해서 태어났어요."(《안티고네》, 253항)

하느님 덕분에 이러한 공포의 장소로 우리를 끌고 가는 기억이 정화됩니다. 그로써 악을 누르고, 선함에 힘을 부여하려는 시도가 늘어나게 되었습니다. 저는 얼마 전에 가르멜회에서 운영하는 '대화와 기도 센터' 축복식을 했습니다. 센터에서 가까운 곳에 있는 가르멜회 수녀들은 은둔의 삶을 살면서 그리스도의 십자가 신비와 일치하고 있습니다. 그리고 하느님께서 몸소 고통의 지옥에 내려가시어 우리와 함께 고통을 겪으실 거라고 믿는 그리스도인의 신앙을 일깨워 줍니다.

아우슈비츠 수용소가 위치한 폴란드 오시비엥침에는 '성 막시밀리안 센터'와 '국제 아우슈비츠·홀로코스트 양성 센터', 그리고 '국제 청소년 모임의 집'이 있습니다. 오래된 '기도의 집' 옆에는 '유다인 센터'도 있습니다. 또한 '인권 아카데미'도 설립 중에 있습니다. 이러한 공포의 장소에서 건설적인 성찰이 싹트고 자라난다는 사실에 희망을 봅니다. 또한 과거를 기억하는 것이야말로 악에 저항하고 사랑이 승리하도록 도와줄 수 있다고 믿습니다. 인류는 아우슈비츠-비르케나우라는 "어둠의 골짜기"(시편 23,4)를 거쳤습니다. 저는 이를 기억하며 그리스도교 신앙을 잘 표현하고 있는 기도인 시편 구절을 기도로 바칩니다.

"주님은 나의 목자, 나는 아쉬울 것 없어라. 푸른 풀밭에 나를 쉬게 하시고 잔잔한 물가로 나를 이끄시어 내

영혼에 생기를 돋우어 주시고 바른길로 나를 끌어 주시니 당신의 이름 때문이어라. 제가 비록 어둠의 골짜기를 간다 하여도 재앙을 두려워하지 않으리니 당신께서 저와 함께 계시기 때문입니다. 당신의 막대와 지팡이가 저에게 위안을 줍니다. 저는 일생토록 주님의 집에 사오리다."(시편 23,1-4.6)

진정한 정치의 소명

법에 대한 봉사, 정치의 소명

 성경에서 발췌한 작은 사화와 함께 법의 기초에 관한 성찰을 시작해 보고자 합니다. 하느님께서는 열왕기 상권에서 즉위식을 맞은 젊은 솔로몬에게 "내가 너에게 무엇을 해 주기를 바라느냐?"(1열왕 3,5) 하고 물으십니다. 솔로몬은 성공, 부, 장수, 원수를 제거해 달라고 할 수도 있었겠지만 이렇게 청하였습니다. "당신 종에게 듣는 마음을 주시어 당신 백성을 통치하고 선과 악을 분별

할 수 있게 해 주십시오."(1열왕 3,9) 성경은 이 이야기를 통해 정치인에게 무엇이 중요한지 보여 주고자 합니다. 정치인으로서 일하는 궁극적인 기준과 동기가 성공이나 물질적 이익이어서는 안 됩니다. 정치는 정의를 실현하려고 노력해야 하고, 평화를 위한 기본적인 환경을 조성해야 합니다. 당연히 정치인은 성공을 추구할 것입니다. 성공이 없다면 효과적인 정치적 행동을 위한 기회를 가질 수 없겠죠. 하지만 성공은 정의라는 기준, 법을 실현하려는 의지, 법에 대한 이해보다 중요하지 않습니다. 성공은 하나의 유혹이 될 수 있기에 법을 위반하고 정의를 파괴하는 길을 열 수 있습니다. 아우구스티노 성인은 정의가 없는 국가를 일컬어 다음과 같이 말했습니다. "정의가 존중되지 않는다면, 국가란 큰 도적 떼가 아니고 무엇이겠습니까?"[29]

독일인들은 이 표현이 속이 빈 허수아비가 아니라는 것을 경험으로써 알고 있습니다. 권력이 법에서 분리되고, 법에 대항하여 힘을 행사하고 이를 유린했던 적이 있기 때문입니다. 나치 집권 당시에는 국가가 법을 파괴하기 위한 도구가 됐고, 전 세계를 위협하고 벼랑 끝으로 몰아갈 수 있는 매우 잘 조직된 도적 떼가 되었습니다. 법을 섬기고 불의의 지배에 맞서 싸우는 것은 정치인의 근본적인 임무입니다. 정치가 지금까지 상상할 수 없었던 권력을 획득한 역사적 시기에 이러한 임무는 특별히 시급한 과제가 됩니다.

한 인간이 세계를 파괴할 수 있는 단계에 이르렀습니다. 말하자면 인간을 창조하여 다른 인간을 존재에서 배제할 수 있습니다. 이러한 때에 무엇이 옳은지 어떻게 알아볼 수 있을까요? 선과 악, 참된 법과 가식적인 법을 어떻게 구별할 수 있을까요?

솔로몬의 청은 정치와 정치인들이 오늘날의 상황 앞에서도 여전히 던져야 하는 결정적인 질문입니다. 법률적으로 규제해야 할 대부분의 문제에 있어서 다수결의 원칙은 충분한 기준이 될 수 있습니다. 하지만 인간과 인류의 존엄성이 달려 있는 법의 근본적인 문제에서 다수결 원칙이 충분치 않다는 것은 명명백백한 사실입니다. 법 형성 과정에서 책임이 있는 모든 이는 자신이 직접 올바른 방향의 기준을 찾아야 합니다.

3세기에 위대한 신학자 오리게네스 교부는 시행되고 있는 특정 법률 시스템에 대한 그리스도인의 저항을 정당화했습니다. "비종교적인 법을 행사하는 스키타이인들[30] 가운데 살도록 강요받은 사람이 있다고 가정해 봅시다. 만약 그가 '진리의 법'을 행해야 한다고 생각하는 이들과 함께 스키타이인들의 법을 반대하는 단체를 만든다면 이는 매우 현명한 행동입니다."[31]

무엇이 옳은지 어떻게 인식할 수 있을 것인가

이러한 신념을 바탕으로 나치 정권과 다른 전체주의 정권에 대항하여 행동했던 이들이 있습니다. 저항의 투사들은 전 인류와 법에 이바지한 것입니다. 이들을 통해 실제로 현행법이 불공정했다는 사실이 논란의 여지없이 명백하게 드러났습니다. 하지만 민주 정치의 결정에 있어서 무엇이 참으로 공정하고 법이 될 수 있는지, 진리의 법에 상응하는 것은 무엇이며, 근본적인 인류학적 문제와 관련하여 무엇이 옳고 집행 가능한 법이 될 수 있는지라는 질문에 분명히 답하기란 어렵습니다. 정말 무엇이 옳은지, 입법 과정에서 정의에 이바지하는 방법을 어떻게 찾을 수 있을지에 관한 답을 찾는 것은 쉽지 않습니다. 인간의 풍부한 지식과 능력에도 불구하고 말이지요.

역사상 법률 체계에는 거의 항상 종교적인 동기가 부여되었습니다. 신성에 대한 언급에 기초하여 사람들 사이에 무엇이 옳은지가 결정되었던 것이지요. 다른 종교들과 달리 그리스도교는 결코 국가와 사회에 계시된 법을 강요한 적이 없으며, 계시에서 유래한 법률 체계도 절대 강요하지 않았습니다. 그리스도교는 법의 진정한 근원이 되는 자연과 이성을 상기하며, 객관적 이성과 주관적 이성의 조화를 언급하였습니다. 하지만 여기서 말하는 조화란 이 두 가지 영역 모두 하느님의 창조적 이성에 그 토대를 두고 있음을 전제로 합니다.

이로써 그리스도교 신학자들은 기원전 2세기부터 형성된 철학적·법학적인 운동에 합류했습니다. 2세기 초반 그리스도교 이전 시대에 스토아 철학자들이 발전시

킨 사회 자연법과 권위 있는 로마법의 거장들 간에 접촉이 이루어진 것입니다.[32] 이 만남에서 서구의 법률 문화가 탄생했습니다. 이 문화는 인류의 법률 문화에 결정적으로 중요한 역할을 했으며, 여전히 중요합니다. 법과 철학의 이러한 그리스도교 이전의 연결 고리에서 시작하여 그리스도교 중세를 거쳐 인권 선언과 독일연방공화국 기본법, 계몽주의 법률까지 이릅니다. 이로써 독일 국민은 1949년에 이 불가침·불가양의 인권을 세계의 모든 인류 공동체, 평화 및 정의의 기초로 인정했습니다(《독일연방공화국 기본법》1조 2항 참조).

    그리스도교 신학자들이 신에 대한 믿음에서 나오는 종교법에 반대하고 이성과 자연의 상호관계를 모든 인간에게 유효한 법적 원천으로 인식하는 철학의 편에 선 것은 법의 발전과 인류 발전에 결정적 역할을 했습니다. 이러한 선택은 바오로 사도가 이미 했던 것으로, 이를 로마인들에게 보내는 편지에서 다음과 같이 강조합니다. "다른 민족들이 율법을 가지고 있지 않으면서도 본성에 따라 율법에서 요구하는 것을 실천하면, 율법을 가지고 있지 않은 그들이 자신들에게는 율법이 됩니다. 그들은 율법에서 요구하는 행위가 자기들의 마음에 쓰여 있음을 보여 줍니다."(로마 2,14-15)

여기서 본성과 양심이라는 두 가지 기본 개념이 나타납니다. '양심'은 다름 아닌 솔로몬이 청했던 '유순한 마음', 존재의 언어에 열려 있는 이성입니다.

법실증주의의 등장

이로써 계몽주의 시대, 제2차 세계 대전 이후 인권 선언 시대까지 그리고 독일의 기본법의 형성까지 법 제정 기초와 관련된 문제가 명확해진 듯이 보였습니다. 그러나 금세기 후반부에 이르러 상황이 극적으로 변했습니다. 오늘날 '자연법'이라는 개념은 다소 독특한 가톨릭 사상으로 여겨집니다. 이 사상을 가톨릭 문화 밖에서는 논의할 가치조차 없다고 여기지요. 그래서 그 용어를 언급하는 것만으로도 수치스럽게 여겨집니다. 이런 상황이 어떻게 일어난 것인지 간략하게 이야기해 보겠습니다.

무엇보다 먼저 존재와 당위를 다룬 논문에 따르면 이 둘 사이에는 극복할 수 없는 심연이 놓여 있다고 합니다. 두 영역이 절대적으로 전혀 다르기 때문에 존재에서 당위가 도출될 수 없습니다. 이러한 견해는 오늘날 거의 일반적으로 채택하는 본성에 대한 긍정적인 관념에 기초하고 있습니다. 그러나 "원인과 결과가 서로 결합된, 객관적인 데이터의 집합체"라는 한스 켈젠Hans Kelsen의 이야기를 바탕으로 본성을 생각해 보면, 본성에 실제로 어떤 식으로든 윤리적 특성이 있다는 어떤 증거도 찾을 수 없습니다.[33]

    자연 과학이 자연을 인식하는 것과 같이, 순전히 기능적인 방식으로 본성을 이해하는 실증주의적 관점에 따르면 윤리ethos와 법을 잇는 어떤 다리도 만들 수 없습니다. 단지 기능적인 답변만 다시 제기할 수 있을 뿐입니다. 하지만 많은 이들이 유일한 과학적 관점으로 간주하는 실증주의적 관점에서는 이성에 대해서도 똑같이 적용됩니다. 이런 관점에서 증명할 수 없거나 반증할 수 없는 것은 이성의 범위에 들지 않습니다. 이러한 까닭에 윤리ethos

와 종교는 주관적인 영역에 속해야 하고, 엄밀히 말해서 이성의 영역 밖에 있습니다. 우리의 공중 의식 대부분이 그렇듯이, 실증주의적 이성이 독점적으로 지배하는 곳에서 윤리ethos와 법률에 대한 지식의 고전적인 원천은 제외됩니다. 본성과 이성에 대한 실증주의적 개념, 실증주의적 세계관은 전체적으로 볼 때 인간 지식과 인간 능력의 위대한 부분입니다. 우리는 이 부분을 절대 포기해서는 안 됩니다. 하지만 이 자체는 모든 면에서 인간에게 충분하고 상응하는 문화가 아닙니다.

실증주의적 이성만이 유일하게 충분한 문화로 간주하고, 다른 문화적 현실을 하위문화로 밀어내는 곳에서 이성은 인간을 축소시킬 뿐 아니라 오히려 인간성을 위협합니다. 저는 우리 문화의 다른 모든 신념과 가치를 하위문화로 축소하면서, 실증주의를 단지 법의 형성을 위한 공통된 기초이자 공동 문화로만 인정하려고 애쓰는 바로 그 광대한 유럽의 관점에서 말하는 것입니다. 이로써 유럽은 세계의 다른 문화들에 직면하여 문화가 부족한 상황에 처하게 되고 동시에 극단적이고 급진적인 조류를 불러일으킵니다.

배타주의적인 방식으로 자신을 제시하고 기능적인 것 이상으로 무언가를 인식할 단계가 되지 않는 실증주의적 이성은 창문 없이 콘크리트로만 지은 건물을 닮았습니다. 우리는 그 안에서 날씨와 빛을 얻고자 하면서도, 광활한 하느님의 세계에서 그것을 얻어 오려 하지 않습니다. 그렇기에 스스로 구축한 이런 세상에서 하느님이 주시는 것에 의존하면서도 비밀리에 우리 자신이 만든 것으로 스스로를 속이고자 할 뿐입니다. 하지만 그럴 수는 없습니다. 우리는 다시 창문을 열어 광대한 세상과 하늘과 땅을 다시 보아야 합니다. 그리고 이 모든 것을 올바르게 사용하는 법을 배워야 합니다.

이성은 위대함을 되찾아야 한다

광활한 세상 속에서 과연 어떻게 입구를 찾을 수 있을까요? 어떻게 이성이 비이성에 빠지지 않고 그 위대함을 되찾을 수 있을까요? 어떻게 본성이 이성의 참된 깊이 안에, 그 필요성 안에, 그 표시 안에 다시 나타날 수 있을까요? 오해를 불러일으키거나 지나치게 일방적인 논쟁을 불러일으키지 않기를 바라면서 최근 정치사의 어떤 과정을 떠올려보고자 합니다. 저는 1970년대 이후 독일 정치에서 생태 운동이 출현했다고 말씀드리고 싶습니다. 창문을 활짝 열지는 않았더라도, 신선한 공기를 그리워하는 외침이 여전히 남아 있었습니다. 그 외침은 지나친 비합리성을 알아보기 때문에 무시하거나 막을 수도 없습니다. 젊은이들은 인간과 자연과의 관계에서 뭔가가 잘못됐다고 주장합니다. 물질은 인간이 하는 일을 위한 재료만이 아닙니다. 땅은 그 자체로 존엄하기에 인간은 그 표지를 따라야 합니다. 제가 특정 정당을 홍보하려고 이런 이야기를 하는 것은 아닙니다. 현실과의 관계에서 뭔가 잘못된 부분이 있다면 우리 모두 진지하게 전체적인 면을 성찰하고, 문화의 기초에 관한 문제를 다시 고려해 봐야 하는 것입니다. 이 점에 관해 한 번 더 살펴보고자 합니다.

  이제 생태학이 중요하다는 것은 논쟁의 여지가 없습

니다. 우리는 자연의 언어를 듣고 일관되게 응답해야 합니다. 하지만 저는 어제처럼 오늘도 소홀히 여겨지는 사항, 곧 인간의 생태학도 존재한다는 문제를 온 힘을 다해 다루고 싶습니다.

인간은 자신의 입맛대로 조작할 수 없는 '자연'을 향유하고 있습니다. 우리는 자연을 존중해야 합니다. 그렇다고 우리는 자유 의지로 자신을 만들지 않았습니다. 인간이 자기 자신을 창조하지 않았다는 뜻입니다. 인간은 영적 존재spirito이고 의지volontà도 가지고 있으나 궁극적으로는 자연natura에 속해 있습니다. 인간의 의지는 자연을 존중하고 귀를 기울일 때, 그리고 있는 그대로의 자신을 받아들이고 자신을 혼자 힘으로 창조한 게 아니라는 사실을 수용할 때 올바른 의지가 됩니다. 이런 식으로만 인간의 참된 자유가 실현됩니다.

우리가 출발점으로 삼았던 본성natura과 이성ragione이라는 기본 개념으로 돌아가 봅시다. 위대한 법실증주의 이론가인 켈젠Kelsen은 1965년 84세를 맞아 존재essere와 당위dover essere라는 이원론을 포기했습니다(저는 84세에도

인간의 의지는 자연을 존중하고 귀를 기울일 때,
그리고 있는 그대로의 자신을 받아들이고
자신을 혼자 힘으로 창조한 게 아니라는 사실을
수용할 때 올바른 의지가 됩니다.
이런 식으로만 인간의 참된 자유가 실현됩니다.

여전히 무언가를 이성적으로 생각할 수 있다는 사실에 위안을 받습니다). 켈젠은 이전에 규범은 의지에서만 나올 수 있다고 말했습니다. 결과적으로 본성은 오직 의지가 규범을 그 안에 두었을 때만 본성 그 자체 안에 규범을 포함할 수 있다고 덧붙였습니다. 반면 이것이 본성에 자신의 의지가 삽입된 창조주 하느님을 전제로 한다고 말하며, "이 믿음의 진리에 대해 논쟁하는 것은 전적으로 무의미한 일입니다."라고 주장합니다.[34]

이것이 정말일까요? 저는 물어보고 싶습니다. 본성에 나타난 객관적 이성이 창조적 이성, 창조주 성령Creator Spiritus을 전제로 하지 않는가를 살펴보는 일이 정말로 의미가 없는 일일까요?

하느님의 존재로 인한 긍정적인 역사적 결과

이 시점에서 유럽의 문화적 유산이 우리를 도와줍니다. 창조주 하느님의 존재에 대한 믿음을 바탕으로 인권사상, 법 앞에서 모든 인간의 평등사상, 각 개인의 인간 존엄의 불가침성에 대한 인식, 자신의 행동에 대한 인간의 책임에 대한 인식이 발전했습니다. 이성에 대한 이러한 지식이 문화적 기억을 형성합니다. 그 기억을 무시하거나 단순한 과거의 일로 간주하면 문화 전체를 말살하고 완전히 빼앗는 일이 될 것입니다.

유럽 문화는 예루살렘, 아테네, 로마의 문화와의 만남에서 탄생했고, 이스라엘의 하느님에 대한 신앙, 그리스인의 철학적 이성, 로마의 법률 사상과의 조우에서 탄생했습니다. 이 삼중적인 만남은 유럽의 정체성을 형성합니다. 이러한 만남은 하느님 앞에서 인간의 책임을 깨닫게 하고, 모든 인간의 불가침적인 존엄에 대한 인식 안에서 법의 기준을 설정합니다. 이는 역사적인 순간에 우리의 임무를 지켜 줍니다.

하느님께서 왕의 권한을 받는 젊은 솔로몬에게 무엇을 바라는지 청하라고 하셨던 것처럼, 오늘날 법률 제정가인 국회 의원에게 같은 기회가 주어진다면 무엇을 청할 것입니까? 결국 오늘날에도 우리가 바랄 수 있는 것은 온순한 마음입니다. 선과 악을 식별하여 진정한 권리를 확립하고, 정의와 평화를 위해 봉사하는 역량을 청해야 합니다.

종교와 사회, 서로를 위한 공존

토마스 모어 성인의 발자취를 따라

영국의 웨스트민스터홀은 영국 시민 역사와 정치 역사상 특별한 의미를 지닌 건물입니다. 이곳에는 수 세기 동안 국회가 자리하고 있으며, 영국 국회는 특히 연방 국가에서 참여 정부 형태의 발전 과정에 깊은 영향을 미쳤습니다. 또한 관습법 전통은 많은 국가의 법률 체계의 근간을 마련하여 국가와 시민의 권리와 의무에 대한 관점을 형성하였습니다. 또한 삼권분립으로 전 세계에 많은 영향을 끼치기도 하였습니다.

웨스트민스터홀에 관해 이야기하면서 이곳에서 일어난 사건에서 중요한 역할을 차지했던 많은 이들을 떠올립니다. 특별히 영국의 위대한 학자이자 정치가인 토머스 모어 성인을 언급하고 싶습니다. 그는 헨리 8세 왕의 심기를 건드렸음에도 자신의 양심을 따랐기 때문에 모두에게 존경을 받았습니다. 그는 무엇보다 먼저 하느님을 섬기기로 선택했습니다. 그 당시 어려운 시기에 토마스 모어 성인이 직면한 딜레마, 곧 황제에게 바쳐야 할 것과 하느님께 바쳐야 할 것의 관계에 대한 영원한 질문은 종교적 신념이 정치적 과정에서 유지해야 할 정당한 지위를 성찰하게 합니다.

법적 지위, 인간 존엄, 사회 윤리

영국의 의회 전통은 국가에 존재하는 본능적인 중용의 감각에 훨씬 더 가깝습니다. 이는 국가 권력의 정당한 요구와 거기에 종속된 이들의 권리 사이에 공정한 균형을 이루려는 열망에 따른 것입니다. 영국 역사에서는 권력 행사에 제한을 가하기 위해 결정적인 조치가 여러 번 취해졌고, 그래서 국가의 정치 제도가 상당히 안정된 수준에서 진화할 수 있었습니다. 이와 같은 역사 과정에서 영국은 다원적 민주주의로 부상했습니다. 이는 표현의 자유, 정치 가입의 자유에 큰 가치를 부여합니다. 또한 법적 지위와 관련해 모든 시민이 법 앞에 평등하고 각자의 권리와 의무에 대한 강한 의식을 함양합니다.

가톨릭 사회 교리는 비록 전혀 다른 언어로 구성되었음에도 접근 방식에 있어 공통점이 많습니다. 하느님의 모상으로 창조된 각 개인의 존엄성을 보호하는 데 근본적으로 관심을 갖기 때문에 공동선을 증진하려는 정부 당국의 의무가 강조됩니다. 토마스 모어 성인을 상대로 벌인 재판에서 쟁점이 된 근본적인 문제는 사회적 조건이 바뀜에 따라 계속 새롭게 제기됩니다. 모든 세대는 공동선을 증진하려고 노력하는 동안 다음과 같이 늘 다시 자문해야 합니다. '정부가 국민에게 합당하게 요구할 수 있는 것은 무엇이고, 그 요구를 어디까지 확대할 수 있는가? 도덕적 딜레마를 해결하기 위해 우리는 어떤 권력 기관에 호소할 수 있는가?' 이러한 질문들은 우리를 국민에 관한 기본적인 윤리 문제로 바로 이끌어 줍니다.

민주적 절차를 뒷받침하는 윤리 원칙이 사회적 합의라는 견고한 토대에 기초를 두지 않는다면 재판은 취약해집니다. 바로 여기에 민주주의를 위한 진정한 도전이 있습니다. 최근에 세계 금융 위기를 맞으면서 복잡한 사회 문제 및 윤리 문제에 대한 실용적이고 단기적인 해결책이 불러오는 부적절한 현상이 크게 부각됐습니다. 이에 대한 공통된 의견은 경제 활동을 이루는 견고한 도덕적 기반이 무너지며 전 세계 수백만 명이 심각한 경제적 어려움을 겪도록 야기하는 데에 이 해결책이 일조했다는 것입니다.

이렇게 모든 경제적 결정에는 도덕적 결과가 따르는[35] 것과 유사하게, 실행된 정책의 도덕적 차원이 정치 분야에서 어떤 정부도 무시할 수 없는 광범위한 결과를 초래합니다. 영국 의회가 했던 긍정적 성과 중 하나는 노예 무역 폐지입니다. 이 획기적인 법안으로 이어진 캠페인은 확고한 도덕 원칙에 기초를 뒀고, 자연법에 근거하며 문명화에 이바지했습니다. 따라서 이러한 문명 국가는 당연히 자부심을 가질 수 있습니다.

윤리, 종교, 정치는 어떤 관계인가

여기서 중점적으로 다루는 문제는 정치적 선택을 위한 윤리적 기반은 어디에서 찾을 수 있을 것인가와 관련되어 있습니다. 가톨릭 전통은 올바른 행동을 지배하는 객관적 규범을 계시 내용과는 무관하게 이성적으로 받아들일 수 있다는 입장을 취합니다. 이러한 이해 방식에 따르면 정치적 논쟁에서 종교의 역할이란 이와 같은 규범을 제공하는 것이 아닙니다. 오히려 편견을 걷어내고 객관적인 도덕 원칙을 발견하는 데 있어 이성을 적용하도록 빛을 비추어 줍니다. 사실 비신자들은 그러한 규범을 알지 못할 뿐 아니라, 종교의 권한 밖에 있는 구체적인 정치적 해결책을 제안하는 경우도 적습니다. 하지만 이성에 비해 종교의 이러한 '교정' 역할이 항상 좋게 받아들여지는 것은 아닙니다. 어느 정도 종파주의나 근본주의와 같은 왜곡된 형태의 종교가 심각한 사회 문제의 원인임을 스스로 입증할 수 있기 때문입니다. 그리고 이러한 종교 왜곡은 종교 내부에 대한 이성의 정화 및 구조화 역할에 주의를 충분히 기울이지 못할 때 부각됩니다. 이러한 부분은 이중적인 의미로 작동하는 과정입니다.

실제로 종교가 제공하는 교정 작업이 없다면 이성은 왜곡의 희생양이 될 수 있습니다. 이는 마치 이성이 이념에 의해 조작되거나 인간의 존엄성에 대하여 충분히 고려하지 못하고 부분적으로만 적용될 때 발생하는 것과 같습니다. 이성의 왜곡된 사용은 결국 노예 무역과 다른 많은 사회적 병폐, 특히 20세기의 전체주의 이데올로기의 시발점이 됐습니다. 이런 까닭에 저는 이성과 신앙 세계, 즉 합리적 세속의 세계와 종교적 신념의 세계가 서로를 필요로 한다고 생각합니다. 또한 문명의 유익을 위해 깊고 지속적인 대화에 들어가는 것을 두려워해서는 안 된다고 주장합니다.

입법자들에게 종교는 해결해야 할 문제가 아니라 국

가의 공개 토론에 활발한 기여를 하는 요소입니다. 이런 맥락에서 저는 종교, 특히 그리스도교가 점점 더 소외되는 것에 대해 우려를 표명할 수밖에 없습니다. 사실 그리스도교는 일부 지역에서 기틀을 잡아가고 있으며, 일부 국가에서도 큰 가치를 두고 있습니다.

종교가 함부로 제 목소리를 내지 못하게 하거나 순전히 사적인 영역으로 두어야 한다고 주장하는 이들이 있습니다. 어떤 식으로든 다른 종교를 믿는 이나 무종교인에게 불쾌감을 줄 수 있다는 이유로 성탄절 같은 종교적 축제의 공공 행사를 장려하지 말아야 한다고 주장하는 이들도 있습니다. 그리고 역설적이게도 차별 철폐라는 목적을 가지고 있으면서, 공직자인 그리스도인이 특정 경우에 자신의 양심에 반하는 행동을 해야 한다고 주장하는 이들도 있습니다. 이런 것들은 양심의 자유와 종교의 자유에 대한 신자들의 권리뿐만 아니라 종교가 공적 범위 내에서 할 수 있는 어떤 정당한 역할도 유지할 수 없다는 우려를 보여 줍니다.

국가와 교회 간의 시너지 효과

최근에 교황청과 영국 정부는 평화 분야에서 무기 거래에 관한 국제 조약 체결을 위한 교류를 맺었습니다. 또한 인권과 관련해서는 지난 65년 동안 민주주의의 확산을 긍정적으로 평가했습니다. 개발 분야에서는 특히 '국제 금융 기구', '국제 채권 면역', '선진 시장 위원회'를 통해 부채 탕감, 공정 거래 및 개발 금융에 대한 협력을 약속했습니다. 교황청도 영국과 함께 모두의 이익을 위한 환경적 책임을 증진하기 위한 새로운 방법을 모색하고 있습니다. 뿐만 아니라 현 정부가 개발을 돕기 위하여 2013년까지 국민 소득의 0.7퍼센트를 양도하고자 노력하고 있음에 주목합니다.

최근 몇 년 동안 전 세계 가난한 이들을 향한 연대가 성장하는 긍정적인 모습을 본다는 것은 상당히 고무적입니다. 하지만 이러한 연대를 효과적인 행동으로 옮기려면 생활 조건을 개선하는 새로운 아이디어가 필요합니다. 중요 지역에서 식량 생산, 정수淨水, 일자리 창출, 교육, 가족 지원, 특히 이주자 지원 및 기본 의료 서비스를 예를 들 수 있습니다. 인간의 생명이 위태로울 때, 생명을 살릴 시간은 항상 부족합니다. 세상은 정부가 '파산하기에 규모가 너무 크다'고 간주하는 금융 기관을 구제하기 위해 모을 수 있는 자원이 막대함을 입증합니다. 지구상 민족들의 온전한 발전은 적지 않게 중요하며 세상의 관심을 받을 만한 사업입니다.

종교는 국가에 유익할 수 있다

영국과 교황청 간의 협력에 대한 시각은 양국의 외교 관계 확립 이후 얼마나 많은 진전이 이루어졌는지 잘 보여 줍니다. 이는 우리가 함께 나누고 있는 세상의 많은 가치를 증진하기 위해서이기도 합니다. 저는 이러한 관계가 계속해서 많은 결실을 맺기를 바랍니다. 또한 이성 세계와 믿음의 세계 간에 사회의 모든 차원에서 대화와 존중의 필요성을 더욱 더 수용하는 데 반영되기를 바라고 기도합니다.

영국에도 인류 전체의 삶의 조건을 개선하기 위해 노력하는 일에 성령의 인도하심을 청하는 의회의 역사적 관행과 조화를 이루며 교회와 공권력이 시민의 이익을 위해 함께 일할 수 있는 분야가 많다고 확신합니다. 이러한 협력이 가능하려면 가톨릭 교회와 관련된 단체를 포함한 종교 기관이 신앙과 교회의 가르침에 근거하여 자신의 원칙과 특정 신념에 맞게 행동할 자유가 있어야 합니다. 이러한 방식이 될 때 종교의 자유, 양심의 자유, 종교의 자유와 같은 기본권을 보장받을 수 있을 것입니다.

고색창연한 웨스트민스터홀의 장엄한 둥근 천장에 새겨진 천사들은 우리를 지켜보고 있습니다. 이 천사상은 하느님께서 우리를 인도하고 보호하시려고 끊임없이 깨어 지켜주고 계시다는 걸 떠올리도록 합니다. 또한 종교적 신념이 국가의 생명에 이바지했고, 여전히 계속 기여하고 있는 중요한 공헌을 깨닫도록 우리를 부르고 있습니다.

상처를 넘어 은총으로 — 아일랜드 가톨릭 신자들에게

저는 보편 교회의 목자로서 아일랜드 교회의 구성원들, 특히 사제와 수도자들이 저지른 아동과 청소년의 성학대와 관련된 보도에 마음속 깊이 고통을 느낍니다. 많은 이가 이런 사악한 악행과 범죄를 알게 되고, 아일랜드 교회 당국이 그 일에 대처한 방식에 대해 겪었을 경악과 배신감을 통감합니다.

저는 최근에 아일랜드 주교들을 로마에서 열린 회의에 출석하도록 하여, 과거에 일어난 이 문제를 어떻게 대처했는지 설명하도록 했습니다. 또 이 심각한 상황에 대응하기 위해 어떤 행보를 취했는지 밝히고자 하였습니다. 교황청의 몇몇 고위 성직자들과 함께 그들이 개별적으로나 그룹으로 말한 내용을 경청하는 한편, 저지른 잘못과 이를 학습한 교훈에 대한 분석도 들었습니다. 현재 진행 중인 프로그램과 공문서에 대한 설명도 경청했습니다. 이러한 과정에서 있었던 반성은 솔직하고 건설적이었습니다. 저는 결과적으로 주교들이 이제 과거의 불의를 바로잡고, 정의의 요구와 복음의 가르침과 일치하는 방식에 따라 미성년자 성 학대와 관련된 아주 폭넓은 문제에 대처하는 임무를 수행할 수 있다고 생각합니다.

실제로 많은 이들이 지적하였듯 미성년자 성 학대 문제는 아일랜드나 교회에 국한된 문제가 아닙니다. 그럼에도 지금 우리가 당면한 과제는 아일랜드 가톨릭 공동체 내에서 확인된 성 학대 문제를 용기와 결단력을 가지고 대처하는 것입니다. 그 누구도 이 괴로운 상황이 단기간에 해결될 것이라 생각하지 않습니다. 긍정적인 행보를 내디뎠지만 아직 해야 할 일이 더 많이 남아 있으며, 하느님 은총의 치유 능력에 대한 큰 신뢰를 갖고 인내하며 기도할 필요가 있습니다.

아일랜드 교회의 깊디깊은 상처가 아물기 위해서는 우선 무방비 상태의 어린이들을 대상으로 저지른 무거운 죄를 하느님과 다른 이들 앞에서 인정하는 것입니다. 희생자와 그 가족이 입은 상처에 대한 진심 어린 통회를 동반한 이 같은 인정은 앞으로 유사한 범죄로부터 어린이들을 보호하기 위한 일치된 노력으로 이어져야 합니다. 지금 이러한 도전에 직면한 이들에게 다음과 같은 성경 말씀을 떠올리기를 부탁드립니다. "너희가 떨어져 나온 반석을 우러러보고 너희가 퍼내 올려진 저수 동굴을 쳐다보아라."(이사 51,1)

과거 아일랜드인들이 교회와 인류에 기여한 영웅적이고 관대한 공헌을 기억하며, 이러한 공헌이 정직한 자기 성찰 및 교회와 개인의 쇄신을 위한 확고한 프로그램을 만들기 위한 추진력이 되도록 하십시오. 그로써 아일랜드 교회가 참회로 정화되고, 많은 성인들의 전구로써 현재 위기를 극복하여 다시금 전능하신 하느님의 진리와 선하심을 증거하는 증인이 되기를 바랍니다. 또한 성자 예수 그리스도 안에서 빛나기를 기도합니다.

역사적으로 아일랜드 가톨릭 신자들은 국내외에서 선한 역량을 드러냈습니다. 골룸바노 성인과 같은 켈트족 출신 수도자들은 중세 수도원 문화의 기초를 다지면서 서유럽에 복음을 전파했습니다. 그리스도교 신앙에서 오는 거룩함, 사랑, 초월적 지혜의 이상이 교회와 수도원의 건축이나 학교, 도서관, 병원의 설립으로 드러났습니다. 이는 유럽의 영적 정체성을 공고히 했습니다. 아일랜드 선교사들은 자신들의 힘과 영감을 그들이 자란 고향에 있는 교회의 굳건한 믿음, 강력한 인도, 올바른 도덕적 행동에서 찾았습니다.

아일랜드의 가톨릭 신자들은 1500년대부터 오랜 박해를 겪었습니다. 그들은 이 기간 동안 위험하고 어려운 상황에서도 신앙의 불꽃을 계속 유지하기 위해 고군분투했습니다. 순교자였던 아마Armagh주의 대주교 올리버 플런켓 성인은 복음에 대한 충성을 위해 기꺼이 목숨을 바쳤기에 용감한 아일랜드인들의 가장 유명한 모범이 되었습니다. 교회는 가톨릭교도 해방 이후 다시 자유롭게 성장할 수 있었습니다. 시련의 시기에 신앙을 지킨 가족과 수많은 이들은 1800년대 아일랜드 가톨릭의 대부흥을 일으킨 불씨가 되었습니다. 교회는 특히 가난한 사람들에게 교육을 제공했고, 이는 아일랜드 사회에 큰 기여를 했습니다. 가톨릭 학교가 맺은 결실로 인하여 성소가 크게 증가했고, 선교회의 사제, 수녀, 수사들은 고국을 떠나 모든 대륙, 특히 영어권 세계에서 오랜 세월 동안 봉사했습니다. 선교사의 수뿐만 아니라 그들의 확고한 믿음과 견고한 사목적 헌신은 감탄을 자아냈습니다. 특히 아프리카, 미국, 호주의 많은 교구에 아일랜드 성직자와 수도자가 진출하여 큰 혜택을 주었습니다. 그들은 복음을 전하고자 본당, 학교, 대학교, 진료소와 병원을 세웠고, 가톨릭 사회뿐 아니라 사회 전반에 봉사했습니다. 특히 가난한 사람들이 필요로 하는 것에 주의를 기울였습니다.

대부분의 아일랜드 가정에는 자신의 삶을 교회에 바친 이가 있습니다. 아들이나 딸, 이모나 삼촌이 자신을 봉헌했습니다. 아일랜드 가족은 자신의 삶을 그리스도께 봉헌하고, 믿음의 선물을 다른 이들과 나누며 그 선물을 하느님과 이웃에 대한 사랑의 봉사에서 구체화하는 가족 구성원에 대한 큰 존경과 애정을 가지고 있습니다.

아일랜드 교회는 최근 수십 년 동안 새롭고 심각한 도전에 직면해야 했습니다. 이는 아일랜드 사회의 세속화와 급속한 변화로 인한 신앙에 대한 도전이었습니다. 매우 급속한 사회 변화가 있었고, 이는 가톨릭의 가르침과 가치에 대한 사람들의 전통에 악영향을 끼쳤습니다.

신앙을 지탱하고 성장할 수 있게 하는 성사와 신심 실천들, 예를 들어 고해성사, 꾸준한 기도 생활, 연례 피정이 무시되었습니다. 또한 이 시기에 사제와 수도자 중 일부가 복음을 충실히 따르지 않고 세속적 현실의 사고방식과 판단 방식을 채택하는 경향이 있었습니다. 제2차 바티칸 공의회에서 제안한 쇄신 프로그램은 때때로 오해를 불러 일으켰고, 실제로 눈에 띄게 진행되는 사회적 변화에 비추어 볼 때 과연 이 계획을 어떻게 잘 이루어 나갈 수 있는지 평가하는 일은 결코 쉽지 않았습니다. 비록 올바른 지향이었더라도 잘못된 판단으로 비합법적인 교회법 상황에 직면하여 처벌을 피하려는 경향이 있었습니다.

　우리는 이런 전체적인 맥락에서 아동 성 학대라는 당혹스러운 문제를 이해하려고 노력해야 합니다. 이 문제는 믿음의 약화와 교회와 그 가르침에 대한 존경의 상실이라는 적지 않은 결과를 초래했습니다. 현재의 위기를 일으킨 요인을 세심하게 검토함으로써 그 원인들에 대한 분명한 진단을 내릴 수 있고 효과적인 대응책을 찾아낼 수 있습니다.

　이번 문제의 요인들로는 다음과 같은 것이 있습니다. 성소자가 사제직이나 수도 생활에 어울리는 사람인지 확인하기에 적합하지 못한 절차, 신학교와 수련소에서 이루어지는 인간적·도덕적·지성적·영성적 양성의 부족, 또한 성직자나 다른 권력자들의 범법 행위를 비호하는 사회적 경향, 그리고 추문을 피하여 교회의 명성만을 지키려는 행동이 그러합니다. 이런 요인들 탓에 잘못된 부분을 현행 교회법으로 처벌하지 못하고, 개개인의 존엄성을 지키지도 못하는 결과를 빚어내게 된 것입니다. 또한 피해자와 그 가족의 삶을 비극적으로 만들어 복음의 빛을 흐리게 만들었습니다. 이는 수 세기에 걸친 박해 때도 일어나지 않았던 일입니다. 이러한 요인을 해결하기 위해 시급히 조치를 취해야 합니다.

저는 베드로 사도좌에 선출된 이래 성 학대 피해자들을 여러 번 만났고, 앞으로도 만날 준비가 되어 있습니다. 저는 피해자들과 함께 머무르며 그들이 겪은 고통을 기억하며 기도했습니다. 저는 교황 재임 기간 초기에 이 문제에 직면하였습니다. 2006년 '사도좌 정기 방문ad limina'을 계기로 예방한 아일랜드 주교들에게 다음과 같이 말했습니다. "과거에 일어난 사건의 진실을 밝히고, 이런 일이 앞으로 다시는 일어나지 않도록 모든 조치를 취하십시오. 정의의 원칙이 충분히 존중되고 무엇보다 이러한 비정상적인 범죄로 인해 피해를 입은 모든 이들과 희생자들을 치유하도록 보장하십시오."[36)]

이 서한을 통해 저는 아일랜드의 하느님 백성에게 그리스도의 몸에 가해진 상처에 관해, 때때로 고통스럽지만 붕대를 감고 상처를 낫게 하는 데 필요한 치료에 관해, 그리고 교회 쇄신과 기나긴 회복 과정에서 일치와 사랑, 상호 도움의 필요성에 관해 성찰하도록 권면하고 싶습니다. 이제 저의 마음에서 우러나오는 말로 아일랜드 신자들 각각에게 그리고 주님 안에 형제자매로 말씀드리고 싶습니다.

성 학대 피해자들과 그 가족들에게

끔찍한 고통을 겪은 피해자들이 겪은 고통을 아무 일도 없었던 것처럼 지울 수 없음을 잘 압니다. 교회에 대한 신뢰가 배신당했고, 존엄성이 훼손되었습니다. 자신이 입은 피해에 대하여 이야기할 용기를 냈을 때 아무도 귀를 기울이지 않았다고 이야기한 이들도 많습니다. 그 가운데 기숙사에서 성 학대 피해를 입은 이들은 그 고통에서 헤어날 길이 없었을 것입니다. 그렇기에 교회와 화해를 한다는 것은 매우 힘든 일임을 충분히 이해합니다.

저는 교회의 이름으로 부끄러움과 회한을 느끼고 있음을 솔직하게 말씀드립니다. 그러나 동시에 희망을 잃지 마시길 바랍니다. 우리는 교회의 친교 안에서 예수 그 우리는 생명과 희망으로 다시 태어납니다.
저는 가장 어둡고 희망이 없는 상황에서도
그분의 희생적 사랑의 치유력을 굳게 믿습니다.
그 사랑은 해방을 가져오고 새로운 시작을 약속합니다.

리스도의 인격을 만납니다. 예수님께서는 스스로 불의와 죄의 희생자가 되셨습니다.

여러분처럼 그분은 여전히 부당한 고통의 상처를 안고 있습니다. 주님께서는 여러분의 깊은 고통을 이해하시고 교회와의 관계를 포함하여 다른 이들과 맺는 관계, 그리고 삶에도 계속 영향을 미치십니다. 몇몇 피해자들은 사건이 발생한 후에 교회에 들어가는 것조차 어려워한다는 것도 알고 있습니다. 하지만 구원의 고난으로 변화된 그리스도의 상처와 똑같은 상처는 은총의 도구입니다. 그분의 은총으로 악의 권세가 꺾였고, 우리는 생명과 희망으로 다시 태어납니다. 저는 가장 어둡고 희망이 없는 상황에서도 그분의 희생적 사랑의 치유력을 굳게 믿습니다. 그 사랑은 해방을 가져오고 새로운 시작을 약속합니다.

하느님 자녀들의 유익을 염려하는 사목자들은 저의 이야기를 겸손한 마음으로 숙고해 보시기 바랍니다. 그리스도께 가까이 다가가 교회 생활에 참여함으로써 그리스도의 무한한 사랑을 재발견할 수 있길 부탁드립니다.

그분의 교회는 참회로 정화되고 사목적 사랑으로 쇄신된 교회입니다. 저는 이런 식으로 화해와 깊은 내면의 치유, 그리고 평화를 찾을 수 있다고 확신합니다.

가해자인 사제들과 수도자들에게

가해자인 사제와 수도자들은 순진무구한 어린이들과 그 가족이 보여 주었던 신뢰를 저버렸습니다. 전능하신 하느님 앞에서 그 일에 대해 답변해야 합니다. 또한 그분께서 관할하시는 법정에서 책임을 져야 합니다. 이들이 저지른 죄로 인하여 아일랜드 국민의 신망을 잃었고, 동료들에게 불명예와 치욕을 안겼습니다.

가해자인 사제들은 성품성사의 거룩함을 훼손시켰습니다. 성품성사를 통해 그리스도께서 우리 안에 그리고 우리의 행동 안에 현존하고 계심을 기억하십시오. 자신의 양심을 성찰하고 저지른 죄에 대해 책임을 지십시오. 그리고 뉘우치는 마음을 겸손하게 표하라고 호소합니다. 진실한 회개는 하느님의 용서와 참된 개선의 은총에 문을 엽니다. 상처 입은 피해자들을 위해 기도하고 참회하며 자신의 행동을 개선하도록 노력해야 합니다. 구원을 위해 희생하신 그리스도께서는 가장 큰 죄까지도 용서하고 가장 끔찍한 악에서 선을 이끌어내는 힘을 가지셨습니다. 동시에 하느님의 정의는 아무것도 숨기지 않고, 우리 행동에 대한 대가를 치르기를 요구합니다. 여러분의 잘못을 솔직하게 인정하며 정의에 따른 판결을 받아들이십시오. 그리고 하느님의 자비에 대한 희망을 잃지 마십시오.

부모들에게

부모들 또한 가장 안전한 환경이 되어야 할 장소에서 일어난 끔찍한 일로 인하여 깊은 충격에 사로잡혔을 것입니다. 오늘날에 가족을 위한 난로를 지피고 자녀를 양육하는 것은 쉽지 않습니다. 자녀들은 자신의 정체성과 가치에 대한 굳은 신념을 갖고 안전하며, 사랑받고, 원하는 환경에서 양육될 자격이 있습니다. 또한 인간의 존엄성에 뿌리내린 진정한 도덕적 가치로 교육받고, 가톨릭 신앙의 진리에서 영감을 받으며, 건강한 자존감과 지속적인 행복으로 이끄는 행동과 태도 방식을 배울 권리가 있습니다. 이 고귀하고 필수적인 임무는 제일 먼저 부모에게 맡겨집니다. 저는 집에서나 사회 전반에서 아이들에게 가능한 최선의 보살핌을 보장하기 위해 부모로서의 역할을 다할 것을 당부합니다. 한편 교회는 최근 몇 년 동안 본당이나 교육 환경에서 청소년을 보호하기 위해 채택된 대책을 계속 실행에 옮기고 있습니다. 이러한 중요한 책임을 추진하는 동안 제가 함께하고 기도로써 지원하고 있음을 믿어 주십시오.

아일랜드 청소년들에게

요즘 청소년들의 교회 경험은 부모님이나 조부모님 세대가 청소년이었을 때와 많이 다릅니다. 그럼에도 불구하고 모든 세대는 어떤 상황이든 똑같은 생명의 길을 걷도록 부름받았습니다. 많은 이들은 젊은이들을 인도하고 봉사하도록 특별히 선택된 교회의 구성원들이 저지른 죄와 타락에 분개했습니다. 하지만 청소년들은 교회 안에서 "어제도 오늘도 또 영원히 같은 분"(히브 13,8)이신 예수 그리스도를 찾을 수 있습니다. 예수님께서는 인간을 사랑하시고, 인간을 위해 십자가에서 당신 자신을 바치셨습니다. 그분께서는 결코 우리의 신뢰를 배반하지 않으십니다. 그러기에 교회의 친교 안에서 그분과 개인적인 관계를 맺도록 노력해야 합니다. 예수님만이 우리의 기대를 만족시키며 다른 이들에게 봉사하도록 이끌어 주시기 때문입니다. 그리고 가장 충만한 의미를 주십니다. 예수님과 그분의 선하심을 응시하며 마음에 믿음의 불꽃을 간직하십시오. 저는 청소년들이 하느님의 성실한 제자가 되어 사랑하는 교회의 재건과 쇄신에 필요한 바를 그들의 열정과 이상으로 기여해 주길 바랍니다.

아일랜드 사제들과 수도자들에게

아일랜드 사제와 수도자들은 동료 형제가 저지른 죄

로 인하여 고통을 겪고 있습니다. 가해자들은 신성한 의무를 저버렸으며, 가해자가 아닌 이들 역시 미성년자 성학대 혐의를 책임 있고 올바른 방식으로 대처하지 못했습니다.

이 사건이 초래한 모욕과 분노에 직면하여 평신도뿐만 아니라 많은 사제들과 수도자들 역시도 절망하고, 자신들이 방치되었다고 느꼈음을 고백했습니다. 더욱이 일부는 사제와 수도자들을 연대 책임의 죄가 있는 것처럼 바라보고 있다는 것도 압니다. 이 고통의 시간에 사제들과 수도자들은 자신에게 주어진 직무에 헌신하기를 바랍니다. 아울러 그리스도에 대한 믿음, 그리스도의 교회에 대한 사랑, 구원과 용서, 복음의 내적 쇄신의 약속에 대한 믿음을 다시 강화합시다. 이렇게 함으로써 죄가 많아진 그곳에 은총이 충만히 내린다(로마 5,20 참조)는 것을 모든 이에게 드러내십시오.

일부는 몇몇 장상이 이러한 문제를 처리한 방식에 대해 분노하고 있음을 알고 있습니다. 그럼에도 불구하고 이러한 문제를 해결할 권한이 있는 이들 가까이에서 협력해야 합니다. 또한 위기에 대처하기 위해 채택된 대책이 진정으로 복음적이고 공정하며 효과적으로 이루어질 수 있도록 노력해야 합니다. 저는 무엇보다 사제와 수도자들이 더 기도하고, 회심과 정화와 화해의 길을 용감하게 걷길 권고합니다. 이런 식으로 할 때 아일랜드 교회는 사제와 수도자들의 삶에서 드러나는 주님의 구원 능력에 대한 증거에서 새로운 생명과 활력을 길어낼 수 있을 것입니다.

저의 형제 주교들에게

주교들은 자신의 전임자 가운데 몇몇이 오래전부터 아동 성 학대의 범죄와 관련해 교회법 규정을 적용하여 처리하는 데 있어서 제대로 본분을 다하지 않았음을 부정할 수 없을 것입니다. 이를 조사하는 과정에서 중대한 잘못이 있었습니다. 물론 이 문제의 복잡함과 그 규모를 헤아리고 확실한 정보를 얻기란 어려웠을 것입니다. 또한 전문가들의 서로 다른 의견에 비추어 볼 때 올바른 결정을 내리기도 어려웠을 거라고 이해합니다. 그럼에도 불구하고 주교들은 잘못된 판단을 내렸고, 가해자들에 대한 지도와 감독이 없었습니다. 이 모든 것은 주교들이 쌓아 온 신뢰와 능력을 무너뜨릴 정도로 위협적이었습니다. 저는 주교들이 과거의 잘못을 개선하고, 이러한 일이 되풀이되지 않도록 힘써 준 노력에 감사하며 다음과 같은 사항을 권고합니다. 아동 성 학대 사건에 대처하는 과정에서 교회법 규정을 실행하는 것은 물론 해당 분야의 국가 기관과 공조하십시오.

수도회 장상들도 똑같이 행동해야 합니다. 장상들 역시 이 문제에 대한 명확하고 일관된 접근 방식을 수립하려는 목적으로 최근에 로마에서 열린 회의에 참석했습니다. 아동 보호를 위한 아일랜드 교회의 규범을 지속적으로 검토하고 쇄신할 뿐 아니라 교회법에 따라 완전하고 공명정대하고 적용하는 것은 의무입니다.

솔직함과 투명성으로 이루어지는 빈틈없는 절차만이 아일랜드 국민의 존경과 호의를 다시 받을 수 있을 것입니다. 무엇보다 주교들 각자가 스스로에 대한 성찰, 내적 정화, 영적 쇄신을 할 때 사람들의 존경과 호의가 우러나 옵니다. 아일랜드인들은 당연히 주교들이 하느님의 사람이 되고, 거룩한 사람이 되고, 매일 개인적 회심을 추구하는 단순함을 살아 내길 기대합니다.

아우구스티노 성인의 표현에 따르면 '하느님 백성을 위한 주교'이며, 평신도들과 함께 그리스도의 추종자가 되라는 부름을 받았습니다(《설교집*Discorso*》 340, 1 참조). 그러므로 하느님 앞에서 책임감을 새롭게 하고, 자신에게 맡겨진 이들과의 연대를 강화하며 양떼의 모든 구성원을 위한 사목적 배려를 심화하길 당부합니다.

특히 사제들 각각의 영성 생활과 윤리 생활에 주의를 기울이십시오. 주교들 역시 삶을 통해 모범을 보이십시오. 사제들에게 가까이 다가가고, 그들의 고민에 귀를 기울여야 합니다. 이 어려운 시기에 격려를 아끼지 마시고, 그리스도에 대한 사랑의 불꽃과 형제자매들에 대한 봉사에 대한 헌신을 길러 주십시오.

평신도들도 교회 생활에서 그들의 역할을 다 할 수 있도록 격려해야 합니다. 현대 사회에서 복음의 명료하고 설득력 있는 방식으로 이유를 제시할 수 있도록(1베드 3,15 참조) 양성되고 교회의 삶과 사명에 더욱 온전히 협력하도록 지도하십시오. 이는 그리스도의 구원 진리에 대한 신뢰할 수 있는 증인과 지침으로 돌아가도록 도와줄 것입니다.

아일랜드의 모든 신자들에게

젊은이들은 서로 사랑하고 영양분을 제공하는 교회 공동체 안에서 예수 그리스도와의 개인적이고 활기찬 만남을 통해 열매 맺어야 합니다. 이런 환경에서 젊은이들이 인간적, 영적 위상에 이르러 성장할 수 있도록 해야 합니다. 또한 거룩함, 사랑, 진리의 높은 이상을 추구하고 위대한 종교적이고 문화적인 전통의 풍요로움에서 영감을 얻도록 격려해 주어야 합니다. 그리스도인들은 점점 더 세속화되는 사회에서 인간 존재의 초월적 차원에 대해 말하기 어려워합니다. 그리고 교회와의 친교 안에서 예수 그리스도와 나누는 우정의 아름다움과 풍요로움을 젊은이들에게 전하기 위해 새로운 방법을 찾아야 합니다.

 현재와 같은 위기 상황에서는 각종 범죄를 공정하게 처리하기 위한 기준이 필수적이지만 혼자 힘만으로는 충분하지 않습니다. 현재와 미래 세대에 영감을 주고 믿음의 선물을 소중히 여기도록 하기 위해서는 새로운 비전이 필요합니다. 복음에 제시된 길을 걸으며, 계명을 지키고 여러분의 삶을 한층 더 예수 그리스도의 인품에 더 가까이 일치시킵시다. 그러면 오늘날 절실히 필요한 쇄신을 경험하게 될 것입니다. 우리 모두 이 길을 따라 인내하기를 권고합니다.

 인간 조건의 취약성이 너무도 선명하게 드러난 이 고통의 시기에 아일랜드 신자들을 깊이 염려하며 격려와 지지의 말씀을 드리고 싶습니다. 저의 영적 친밀함과 함께, 현재의 도전에 대응할 수 있는 아일랜드 신자들의 역량에 대한 신뢰의 표징을 받아 주시길 바랍니다. 복음에 충실하고, 믿음 안에 인내하며, 거룩함을 단호히 추구하는 아일랜드의 고귀한 전통에서 새로운 영감과 힘을 얻기를 바랍니다. 많은 이들과 가족들이 받은 상처가 하느님의 은총으로 치유되고 아일랜드 교회가 영적 쇄신의 부흥을 경험할 수 있기를 간절히 기도합니다.

이 상황에 대처하기 위한 몇 가지 구체적인 계획을 제안하고자 합니다. 아일랜드 주교들과의 만남 때 올해 사순 시기를 하느님의 자비와 성화의 은사와 성령의 권능이 아일랜드에 내리기를 기도하는 시기가 될 수 있길 요청했습니다. 이제 모두 이러한 목적으로 지금부터 2011년 부활절까지 일 년 동안 금요일 참회에 참여합시다. 그리고 아일랜드 교회의 치유와 쇄신의 은총을 얻기 위해 단식, 기도, 성경 봉독, 자선 활동에 헌신해 주십시오. 화해의 성사를 재발견하고 고해성사로 변화의 힘을 더 자주 누리길 격려합니다.

또한 성체 조배에도 특별한 주의를 기울여야 합니다. 각 교구마다 성체 조배를 위해 특별히 마련된 성당이나 경당이 있어야 합니다. 본당, 신학교, 수도원, 봉쇄 수도원에서는 모든 이가 성체 조배에 참여할 수 있도록 배려해야 합니다. 주님의 현존 앞에서 열렬한 기도를 바침으로써 가해자들이 저지른 성 학대의 죄에 대한 보속을 할 수 있고, 동시에 모든 주교, 사제, 수도자, 평신도가 더 깊은 사명감과 새롭게 된 힘의 은총을 구할 수 있습니다. 저는 이 프로그램으로 아일랜드 교회가 하느님의 충만한 진리 안에서 거듭날 수 있다고 믿습니다. 진리가 우리를 자유롭게 할 것이기 때문입니다(요한 8,32 참조).

저는 더 나아가 이 문제에 대해 다른 이들의 조언을 듣고 기도한 다음, 아일랜드의 일부 교구와 신학교 및 수도회를 사도 순방하겠다고 발표하기에 이르렀습니다. 사도 순방은 쇄신 과정에 있는 지역 교회를 돕는 것을 목표로 삼고 로마 교황청의 관할 기구와 아일랜드 주교회의가 협력하여 정할 것입니다.

이 외에도 모든 주교, 사제, 수도자를 위한 국가 차원의 선교를 제안합니다. 저는 아일랜드뿐 아니라 세계 곳곳에서 온 유능한 전문 강연자와 피정 지도자들에게서 희망을 봅니다. 공의회 문헌, 서품식과 서원식의 전례 예식, 서원, 최근 교황의 가르침을 검토함으로써 각자의 소명에 대해 더욱 깊이 감사하고, 예수 그리스도를 믿는 신앙의 뿌리를 재발견할 수 있을 것입니다. 주님께서 교회를 통해 주시는 생명수의 샘에서 마르지 않는 물을 충분히 마실 수 있기를 바랍니다.

저는 사제들에게 봉헌된 이 해에 특별히 사제직의 신비에 대해 풍부한 이해를 지녔던 요한 마리아 비안네 성인을 떠올립니다. "사제는 하늘에 있는 보물의 열쇠를 가지고 있습니다. 사제는 그 문을 여는 사람이고, 선하신 하느님의 청지기이며, 그분의 재산 관리자입니다."

성인은 착하고 거룩한 사제가 하느님을 섬길 때 공동체가 얼마나 큰 행복을 누리는지 잘 이해했습니다.

"선한 목자, 곧 하느님의 마음을 따르는 목자는 선하신 하느님께서 본당에 주실 수 있는 가장 큰 보물이고 하느님 자비의 가장 귀중한 선물 중 하나입니다."

요한 마리아 비안네 성인의 전구를 통하여 아일랜드의 사제직이 활기를 되찾고, 아일랜드 교회가 사제 직분의 큰 은사에 대해 존경받는 가운데 성장할 수 있기를 바랍니다.

사도 순방과 선교를 조직하기 위해 힘써 주실 모든 분들께 감사드리고, 아일랜드 전역에서 이미 교회 내의 아동 보호를 위해 일하고 계신 많은 남녀 봉사자들께도 감사를 드립니다.

가톨릭 시설 내 성 학대 문제의 심각성과 확산이 충분히 인지된 이후, 교회는 이 문제에 대처하고 해결책을 제시하기 위해 세계 도처에서 엄청난 일을 수행했습니다. 또한 기존 절차를 개선하고 반영하기 위하여 노력하였습니다. 그로써 지역 교회에서 채택한 현행 보호 관례가 세계 몇몇 지역에서 모범 사례가 되었음에 용기를 얻었습니다.

우리가 가정과 본당, 공동체에서 기도를 바치는 동안, 복되신 동정 마리아께서 우리를 보호하시고 십자가에 못 박히시고 부활하신 당신 아드님과의 더욱 긴밀한 결합으로 인도하는 길로 이끌어 주시길 빕니다. 하느님의 약속에 대한 확고한 믿음과 큰 사랑으로 진심을 다해 주님 안에서 힘과 평화의 보증인 저의 사도적 강복을 드립니다.

아일랜드 교회를 위한 기도

저희 선조들의 하느님,

생명과 구원이 되는 믿음으로 새롭게 하시어,

용서와 내적 쇄신을 약속하는 희망 안에서

우리 마음을 정화하고 여는 사랑 안에서 당신을 사랑하고,

당신 안에서 모든 형제자매를 사랑하게 해 주소서.

주 예수 그리스도님,

아일랜드 교회가 진리, 선, 거룩함, 사회에 대한

관대한 봉사의 여정에 있는

젊은이들의 양성을 위한 천년 된 약속을 새롭게 하소서.

위로자이자 보호자이시며 인도자이신 성령님,

아일랜드 교회를 위하여 거룩함과 사도적 열정을

고취시켜 주소서.

저희의 슬픔과 눈물,

과거의 잘못을 바로잡기 위한 성실한 노력,

잘못된 것을 고치려는 확고한 결심이

우리 가정, 본당, 학교 및 단체에서

신앙을 심화하기 위해,

아일랜드 사회의 영적 발전을 위해,

인류 전체에서 사랑, 정의, 기쁨, 평화의 성장을 위해

풍성한 은총의 열매를 맺을 수 있기를 청합니다.

삼위일체이신 하느님,

아일랜드의 모후이신 어머니시여.

마리아의 사랑이 넘친 보호를 전적으로 신뢰하며,

파트리치오 성인, 브리지타 성녀와 모든 성인들의

보호 안에 저희를 맡깁니다.

또한 아일랜드 교회가 필요로 하는 것을 맡겨 드립니다.

아멘.

역자 후기

베네딕토 16세는 유럽 문화의 기초가 된 수도 생활을 설명하며 다음과 같이 말한다. '하느님을 찾다Quaerere Deum(퀘레레 데움).' 이 단어를 보자마자 반가운 마음이 들었다. 37년 전, 로마 교황청립 성서대학에서 공부하던 시절이 떠올랐기 때문이다.

당시 나는 신약 성경 주석을 가르치던 독일인 클레멘스 스톡 신부님의 지도 아래 석사 논문을 위한 자격 논문으로 〈마르코 복음서의 모티프motif인 'Quaerere Deum'〉이라는 소논문을 썼다. 베토벤 교향곡이나 차이콥스키

피아노 협주곡에는 주제 음악인 이른바 '모티브'가 끊임없이 흐른다. 요한 복음서나 마르코 복음서에도 '하느님을 찾다Quaerere Deum'라는 모티프가 반복된다는 점에 착안하여 논문 주제를 삼았던 것이다. 스승이 어디 있는지 찾는 제자들, 또 주님을 찾아나서는 이들…….

베네딕토 16세는 이 책에서 다음과 같이 말한다. "'쿼레레 데움Quaerere Deum.' 오늘날 이 명제는 과거의 어느 때보다 더 절실히 필요합니다. 하느님을 찾고 그분 말씀에 기꺼이 귀 기울이는 태도는 오늘날에도 모든 문화의 기초가 됩니다."

신학도들에게 신학자 요제프 라칭거는 뛰어넘을 수 없는 산으로 여겨진다. 그만큼 그의 신학이 깊고, 철학적 논리는 높다고 할 수 있다. 이 책에 드러난 교황의 모습은 하느님에 대한 뜨거운 사랑, 양떼를 향한 따뜻한 목자의 마음도 여실히 보여 준다.

이 책을 번역한 역자이자, 첫 독자로서 받았던 느낌은 베네딕토 16세가 언제나 끊임없이 하느님을 추구했으며, 마침내 이를 발견했다는 깨달음이었다. 그가 발견하고 만났던 하느님은 사랑 그 자체셨다. 그래서 첫 번째 회칙 〈하느님은 사랑이십니다Deus caritas est〉를 반포하여 하느님 사랑에 큰 비중을 두었던 것이다.

인간으로서, 신학자와 철학자로서, 그리고 교황의 직무를 수행하였던 베네딕토 16세는 오늘날 우리에게 이 명제를 화두로 남긴다. "하느님을 찾으십시오Quaerere Deum!" 또한 "하느님은 사랑이십니다Deus caritas est."라는 목표로 이끌어 주고 있다.

글 출처

1. 그리스도 안에 살아 있는 교회: 2005년 4월 24일, 성 베드로 광장, 로마 주교의 교황 직무 시작을 위한 팔리움과 어부의 반지 수여 미사 강론.

2. 모든 이의, 모든 것이 되어: 2013년 2월 27일, 성 베드로 광장, 마지막 일반 알현 연설.

3. 하느님의 별을 따라 그분께 이르는 삶: 2005년 8월 20일, 쾰른 마리엔펠트 공원, 세계 청년 대회 폐막 전야 연설.

4. 제2차 바티칸 공의회, 교회를 쇄신하는 힘: 2005년 12월 22일, 바티칸 시국, 교황청 관료들에게 성탄 인사를 전하는 연설.

5. 신앙과 이성의 만남: 2006년 9월 12일, 레겐스부르크 대학교 대강당, 뮌헨·알토팅·레겐스부르크 사도 순방 중 학계 대표들과의 만남에서 연설.

6. 모든 문화의 시작점, 그리스도교: 2008년 9월 12일, 파리, 루르드 발현 제150주년을 맞아 프랑스 사도 순방 중 파리의 베르나르딘 대학에서 문화계 인사와의 만남에서 연설.

7. 그리스도를 통하여 그리스도에게로: 2010년 6월 11일, 성 베드로 광장, 지극히 거룩하신 예수 성심 대축일 사제의 해 폐막 미사 강론.

8. 쇼아, 모든 증오에 맞서라는 교훈: 2006년 5월 28일, 아우슈비츠-비르케나우, 폴란드 사도 순방 중 아우슈비츠 강제 수용소 연설.

9. 진정한 정치의 소명: 2011년 9월 22일, 베를린, 독일 사도 순방 동안 국회 의사당에서 한 연설.

10. 종교와 사회, 서로를 위한 공존: 2010년 9월 17일, 웨스트민스터홀, 영국 사도 순방 동안 정부 관계자들과의 만남에서 한 연설.

11. 상처를 넘어 은총으로 — 아일랜드 가톨릭 신자들에게: 2010년 3월 19일, 복되신 동정 마리아의 배필 성 요셉 대축일, 바티칸, 아일랜드 가톨릭 신자들에게 보낸 사목 서한.

미주

1) Basilio Magno, *De Spiritu Sancto, XXX*, 77, Città Nuova, Roma 1993, p.199.

2) Cfr. Sacrosanctum Oecumenicum Concilium Vaticanum II, *Constitutiones Decreta Declarationes*, Typis Polyglottis Vaticanis, Città del Vaticano 1974, pp.863~865.

3) *ibid.*, pp.1066s.

4) Paolo VI, *Costituzione dogmatica sulla Chiesa Lumen gentium*, 8.

5) 아폴로지아apologia는 오늘날 교회를 변호하는 '호교론'을 의미한다. 그리스어 전치사 '아포apo'와 '로고스logos'를 합성한 이 단어의 원래 의미는 로고스에 대한 입장 제시나 답변을 의미한다. ─ 역자 주

6) 《대화*Entretien*》에 담긴 총 26회의 대담(쿠리 교수는 '논쟁(διάλεξις)'으로 번역) 가운데에 쿠리 교수는 제7차 '대담'을 주석과 더불어 본문의 기원, 필사본 전승, 대화의 구조에 관한 포괄적인 서문, 그리고 미발표된 '논쟁'에 대한 간략한 요약을 곁들여 출판했다. 그리스어 원문에 프랑스어

번역문을 첨부했다(Manuel II Paléologue, *Entretiens avec un Musulman. 7e Controverse*, in Sources Chrétiennes n. 115, Parigi, 1966). 그러는 사이에 카를 푀어슈텔Karl Förstel이 '이슬람-그리스도교 전집Corpus Islamico-Christianum', '그리스어 시리즈Series Graeca, A. Th. Khoury – R. Glei' 중 본문의 그리스어-독일어 주석서를 출판했다(Manuel II. Palaiologus, *Dialoge mit einem Muslim*, 3 volumi, Würzburg – Altenberge, 1993-1996). 이미 1966년에 에리히 트랩E. Trapp이 서문을 첨부한 그리스어 원본을 《비엔나 비잔틴 연구*Wiener byzantinischen Studien*》의 제2권으로 출판하였다. 여기에서는 쿠리 교수의 번역본을 인용하였다. 이탈리아어 번역본은 다음과 같다(Francesco Colafemmina, Manuele II Paleologo, *Dialoghi con un Persiano, Rubbettino Editore*, Soveria Mannelli 2007).

7) 대화의 기원과 편집 과정에 관해서는 *Khoury* pp.22~29 참조. 이 점에 관해서는 푀어슈텔Förstel과 트랩Trapp의 출판본에서도 폭넓게 설명하고 있다.

8) *Controversia VII*, 2c; Khoury, pp.142~143; Förstel, vol. I, VII. Dialog 1.5, pp.240~241. 무슬림 세계에서 이 인용은 불행하게도 나의 개인적 입장을 표현한 것으로 받아들여졌고, 충분히 납득할 만한 분노를 불러일으켰다. 나는 이 글을 읽는 독자들이 이 문장을 쿠란에 대한 나의 개인적 입장을 표현하는 것이 아니라는 사실을 이해해 주길 바란다. 나는 쿠란이 위대한 종교의 거룩한 책이 틀림없다고 생각하며 존경한다. 다만 마누엘 2세 황제의 글을 인용한 것은 신앙과 이성의 본질적인 관계를 강조하려고 했다. 이 점에 있어서 본인은 마누엘 2세 황제에 동의하지만 그의 주장을 따르는 것은 아니다.

9) *Controversia VII*, 3b-c; Khoury, pp.144~145; Förstel, Bd. I, VII. Dialog 1.6, pp.240~243.

10) 오직 이러한 생각에서 마누엘 황제와 페르시아인과의 대화를 인용한 것이다. 이러한 논지에서 이어지는 성찰의 주제가 잘 드러난다.

11) *Cfr. Khoury, op. cit.*, p.144, nota 1.

12) R. Arnaldez, *Grammaire et théologie chez Ibn Hazm de Cordoue*, Parigi, Vrin

1956, p. 13; cfr. Khoury, p.144. 중세 후기 신학에서도 유사한 입장이 있었다는 사실이 후반부에 드러날 것이다.

13) 불타는 떨기나무 사화에 관해 논의된 폭넓은 해석에 대해서는 다음의 책을 참조하기 바란다. *Introduzione al Cristianesimo. Lezioni sul simbolo Apostolico*, Editrice Queriniana, Brescia 2021², pp.107~127. 그 책에 서술된 나의 주장은 논의가 더 지속됐지만 여전히 타당하다고 생각한다.

14) Cfr. A. Schenker, *L'Écriture sainte subsiste en plusieurs formes canoniques simultanées*, in *L'interpretazione della Bibbia nella Chiesa. Atti del Simposio promosso dalla Congregazione per la Dottrina della Fede*, Editrice Vaticana, Città del Vaticano 2001, pp.178-186.

15) 이 주제에 관해 다음의 책에 더 자세하게 표현했다. *Introduzione allo spirito della liturgia*, Edizioni San Paolo, Cinisello Balasamo 2001³, pp.51~58.

16) 탈헬레니즘화라는 주제에 관한 많은 책들 가운데에서 특히 다음의 서적들을 언급하고 싶다. A. Grillmeier, *Hellenisierung-Judaisierung des Christentums als Deuteprinzipien der Geschichte des kirchlichen Dogmas*, in: Id., *Mit ihm und in ihm. Christologische Forschungen und Perspektiven*, Freiburg, 1975, pp.423~488.

17) 하이노 존네만스Heino Sonnemanns와 마시모 에피스Massimo Epis의 주석을 첨부한 책이 새롭게 출판됐다. Joseph Ratzinger - Benedetto XVI, *Il Dio della fede e il Dio dei filosofi. Un contributo al problema della theologia naturalis*. Prolusione a Bonn, Marcianum Press, Venezia 20132.

18) 90 c-d. 이 본문에 관해서는 다음의 책도 참조하라. R. Guardini, *La morte di Socrate*, Morcelliana, Brescia 1998, pp.255-257.

19) Cfr J. Leclerc, *Cultura umastica e desiderio di Dio*, Sansoni editore, Firenze 1965, pp.7~8.

20) Cfr. Leclercq, *ibid.*, p.36.

21) *Ibid.*, p.17.

22) *Ibid.*, p.321.

23) 이는 역자의 직역이다. — 역자 주
24) 원문에는 'Parola'와 'parola'로 되어 있다. 여기서 대문자 'Parola'는 하느님 말씀을, 소문자 'parola'은 인간의 말을 가리킨다. — 역자 주
25) Cfr. Augustinus de Dacia, *Rotulus pugillaris*, I.
26) 엄밀히 말해서 '성경'은 'Sacra Scrittura'이지만 일반적으로 대문자 Scrittura는 '성경'으로, 소문자 scrittura는 '책'으로 구별한다. — 역자 주
27) 독일 나치 정권이 1933년 1월부터 1945년 5월까지 사용하였던 공식 명칭이다. 800년에서 1806년 중세와 근대 초기의 신성 로마 제국(제1제국)과 1871년에서 1918년의 독일 제국(제2제국)을 계승했다고 하여 붙인 이름이다. — 역자 주
28) 독일 인근의 집시를 일컫는다. — 역자 주
29) Agostino, *De civitate Dei*, IV, 4, 1, Città Nuova, Roma 1978, p.257.
30) 오늘날의 크림 지역을 중심으로 기원전 4~2세기에 사르마티아인에 흡수될 때까지 강력한 제국을 형성하며 5세기 이상 유지된 민족이다. 전투 때 특유의 용맹성과 말을 다루는 솜씨로 유명했으며, 건설한 문명도 탁월했다. — 역자 주
31) Contra Celsum GCS Orig. 428 (Koetschau); cfr. A. Fürst, *Monotheismus und Monarchie. Zum Zusammenhang von Heil und Herrschaft in der Antike*. In: Theol. Phil. 81 (2006) 321-338; 인용 부분 p.336; 다음의 책도 참조하라. J. Ratzinger, *L'unità delle nazioni. Una visione dei Padri della Chiesa*, Editrice Morcelliana, Brescia 2009².
32) W. Waldstein, *Scritto nel cuore. Il diritto naturale come fondamento di una società umana*, Giappichelli, Torino 2014, p.4 이하; pp.15~23.
33) W. Waldstein, *ibid.*, pp.9~14.
34) W. Waldstein, *ibid.*, p.13.
35) 베네딕토 16세, 회칙 〈진리 안의 사랑〉, 58페이지.
36) Benedetto XVI, *Discorso ai Vescovi della Conferenza Episcopale di Irlanda in visita 'Ad Limina Apostolorum'*, 2006년 10월 28일.

지은이 베네딕토 16세 교황

1927년 4월 16일 독일 바이에른주 마르크틀암인에서 태어났다. 1951년에 사제품을 받은 뒤 프라이징, 본, 튀빙겐, 레겐스부르크 등 여러 대학에서 교의 신학 교수를 지냈으며 1962년부터 1965년까지 제2차 바티칸 공의회 전문 위원으로 참여했다. '맑게 깨어 있는, 분석적인 동시에 강력한 종합력을 겸비한 지성'으로 사랑받았고, 그의 말에는 '고전적인 광채'가 넘친다는 평을 받았다. 1977년 뮌헨 프라이징 대교구 대교구장이자 추기경으로 임명되었고, 1981년부터 교황청 신앙교리성 장관을 지내던 중 2005년 4월 제265대 교황으로 선출되었다. 그리고 2013년 2월, 건강 악화로 더 이상 직무를 이행하기 힘들다는 스스로의 판단하에 교황직에서 물러났다. 퇴임 후 바티칸 내 '교회의 어머니 수도원'에서 말년을 보내다 2022년 12월 31일, 95세를 일기로 선종했다.

세계의 많은 이들은 베네딕토 16세를 교회의 내적인 성장과 신앙의 기초를 견고하게 한 교황으로 평가했고, 프란치스코 교황은 그를 "위대한 교황"이라 칭했다.

옮긴이 이창욱

1986년 광주가톨릭대학교를 졸업하고 1991년 교황청립 성서대학에서 성서학으로 석사 학위를 받았다. 2008년부터 이탈리아어 번역 프리랜서로 활동하면서 바티칸 뉴스의 각종 기사를 우리말로 번역하고 있다. 옮긴 책으로는 《불완전한 나에게》, 《아파하는 나에게》, 《SNS 시대의 신앙》, 《불평 멈추기》 등이 있다.